Johannes Lehmann
Barbarossa & Co.

Das Glasfenster mit Motiven zu Friedrich I. aus der Barbarossakirche in Göppingen-Hohenstaufen

Johannes Lehmann

Barbarossa & Co.

Reise zu den Staufern in Südwestdeutschland

Silberburg-Verlag

Dr. Johannes Lehmann, geboren 1929 in Madras (Indien) als Sohn eines Missionars, studierte in Halle, Westberlin und Edinburgh Publizistik, Philosophie, Theologie und Psychologie. Er war Redakteur beim Süddeutschen Rundfunk in Stuttgart, wo er unter anderem jahrzehntelang die Sendung »Die Bücherbar« verantwortete. Daneben hat sich Lehmann als Autor erfolgreicher Sachbücher einen Namen gemacht (»Unser armer Schiller«, »Jesus-Report«, »Die Jesus-GmbH«, »Moses«, »Buddha«, »Die Hethiter« und viele andere). Vor einigen Jahren erschien sein umfassendes Werk »Die Staufer. Glanz und Elend eines deutschen Kaisergeschlechts«.

Mehr von Johannes Lehmann:

In Ihrer Buchhandlung · www.silberburg.de

3. Auflage 2007

Umschlag: Frank Butzer, Tübingen, unter Verwendung von Fotografien von Dr. Johannes Lehmann und Manfred Grohe (Luftaufnahme).

Layout und Satz: Kienle gestaltet, Stuttgart.

Reproduktionen: Repro Schmid, Stuttgart.

Druck: Gulde-Druck, Tübingen. Printed in Germany.

ISBN 978-3-87407-506-0

Besuchen Sie uns im Internet und entdecken Sie die Vielfalt unseres Verlagsprogramms: **www.silberburg.de**

Silberburg-Verlag

Inhalt

Auf Schritt und Tritt

Einleitung

Johannes Lehmann

Die Zeit der Staufer, eine glanzvolle Epoche der mittelalterlichen Geschichte, verdankt ihren Namen einem Adelsgeschlecht, das wie kein anderes die damalige Welt geprägt und geformt hat. Aus schwäbischen Kleinadligen waren Könige und Kaiser geworden, bewundert, bestaunt und gehasst. Kaiser Friedrich II., der Enkel Barbarossas, war schließlich sogar König von Deutschland, Burgund, Italien, Sizilien und Jerusalem.

Es war eine Zeit der Spannungen und Kämpfe – zwischen König und Fürsten, König und Papst, König und Gegenkönig, Vater und Sohn; es war aber auch eine Zeit des Wandels und der Entwicklung in Gesellschaft und Wirtschaft. Zahlreiche Städte und Burgen entstanden, Kirchen und Dome wurden gebaut; die Naturalwirtschaft wurde allmählich durch Geld und Münzen abgelöst; die Wissenschaften bekamen in der Zeit Kaiser Friedrichs II. neue Impulse durch intensive Kontakte mit dem arabischen Raum; die Kreuzzüge öffneten die neue, exotische Welt des Orients.

Auch nach mehr als achthundert Jahren erinnern heute noch Namen, Orte und Stätten an jene Zeit. Allein auf dem Gebiet des heutigen Bundeslandes Baden-Württemberg sind es fast einhundert, die nachweislich mit den Staufern zusammenhängen. Das sind Burgen, die von den Staufern gebaut wurden, Pfalzen, die sie errichten ließen, Städte, die sie gründeten, Klöster, die sie stifteten, Kirchen, die unter ihrer Herrschaft entstanden, Ortschaften, die ihnen gehörten.

Nimmt man das Gebiet dazu, das zu Zeiten der Staufer neben anderen auch zu »Schwaben« gehörte, also große Teile des Elsass und der Vogesen, dann sind es weit mehr. Freilich: nicht alle so genannten »Stauferstätten« sind Orte, an denen man die Spuren der Staufer kreuzt. Der Stadt Schwäbisch Hall beispielsweise hat Kaiser Friedrich Barbarossa nachweislich das Stadtrecht verliehen – aber soweit wir wissen, war er selbst nie dort. An anderen Orten, beispielsweise Bad Wimpfen, haben sich die Staufer dafür mehr oder weniger lang aufgehalten, haben dort gelebt und den Ort geprägt.

Zu den Stauferstätten zählen außerdem Bau- und Kunstwerke jener Zeit, die üblicherweise unter den Begriff »staufische Kunst« fallen, auch wenn sie selbst nicht im Einzelnen auf die Staufer zurückgehen. Fasst man all diese Stauferstätten zusammen, kommt man auf etwa 150 Orte, wobei man nicht einmal sicher sein kann, bei manchen mehr als nur Spuren aus jenen Tagen vorzufinden. Kriege, Feuersbrünste oder einfach der berühmte Zahn der Zeit haben im Lauf der Jahrhunderte vieles vernichtet, was wir nur noch aus alten Dokumenten kennen.

Ich möchte daher nun eine Auswahl solcher Stätten vorstellen, die nicht nur dem Namen nach staufisch sind, sondern die enger mit den Staufern zu tun haben und uns dabei helfen können, uns mit der Welt und der Zeit der Staufer in ihrem schwäbischen Stammland per Augenschein ein wenig vertraut zu machen.

Für Unermüdliche möchte ich aber in einem eigenen Kapitel wenigstens eine kleine Auswahl von Städten und Stätten ihrer schwäbischen »Heimat« hinzufügen, wo nur noch »Namen als Spuren« dienen, wo also alte Dokumente der staufischen Geschichte den Augenschein ersetzen müssen.

Es ist kein Reiseführer im üblichen Sinn, auch wenn notwendige touristische und kunstgeschichtliche Hinweise gegeben werden. Je nach Eigeninteresse ist daher zusätzlich ein Kunst- oder mehr touristisch orientierter Reiseführer zu empfehlen, um das Gesehene und die Umgebung ausführlicher zu erschließen.

Als Einführung mag der kurze Überblick über die Geschichte der Staufer dienen, der allerdings auch das staufische Herrschaftsgebiet jenseits der Alpen umfasst.

Wer sie waren – was sie taten

Eine kurze Geschichte der Staufer

Bis auf den heutigen Tag gehört Kaiser Friedrich I. mit dem italienischen Spitznamen Barbarossa zu den populärsten Gestalten der europäischen Geschichte. Er ist einer der wenigen Herrscher aus unserer Vergangenheit, die in die Sage eingegangen sind und zu mythischen Rettern wurden: Umflogen von Raben sitzt Kaiser Rotbart im Kyffhäuser, um dem »Heiligen Römischen Reich Deutscher Nation« in Zeiten der Not beizustehen; sein Bart ist inzwischen durch den steinernen Tisch gewachsen, obwohl er ihn, wie der Chronist ehrfürchtig berichtete, zu Lebzeiten »um der Ehre des Reiches willen täglich stutzen ließ«. Kaiser Friedrich II., der Enkel Barbarossas, war sogar Herrscher halb Mitteleuropas und dazu noch König von Jerusalem und galt seinen Zeitgenossen als »Wunder der Welt«.

Die Herren von Büren

Begonnen hatte alles ganz unauffällig mit den Herren von Büren, die um das Jahr 1050 »morgenwärts von Stuttgart und Esslingen« in einem fruchtbaren Tal eine kleine Burg, das »Wäscherschlössle«, besaßen, allesamt Friedrich hießen und von den Riesgrafen aus der Gegend um Nördlingen abstammten.

Von dem ersten Friedrich, der etwa zwischen 1000 und 1050 gelebt haben muss, wissen wir allerdings nur den Namen. Und von seinem Sohn Friedrich von Büren (etwa 1025 bis nach 1053) kaum mehr, als dass er eine Hildegard heiratete, die aus einem vornehmen elsässischen Geschlecht stammte und aus Egisheim kam. Der Ort heißt heute Eguisheim und liegt wenige Kilometer südlich von Colmar am Fuß der Vogesen.

Immerhin ließ diese Heirat einige Rückschlüsse auf den sonst vollkommen unbekannten Friedrich von Büren zu: Da Hochzeiten unter Gleichgestellten stattfanden und ein Verwandter dieser Hildegard als Vetter Kaiser Heinrichs III. im Jahr 1048 auf dem Reichstag zu Worms als Leo IX. zum Papst gewählt wurde, können wir annehmen, dass auch die Herren von Büren einiges an Ansehen vorweisen konnten.

Mit Sicherheit wissen wir das vom nächsten Friedrich, dem Großvater Barbarossas, den man als Sohn des Friedrich von Büren jetzt Friedrich I. (»der Alte«) nennt. Dieser Herzog von Schwaben war – und das ist entscheidend – der Schwiegersohn von Kaiser Heinrich IV. Der Kaiser hatte den Schwaben mit seiner Tochter Agnes belohnt, weil Friedrich treu zu ihm gehalten hatte, als er sich im Jahr 1077 aufmachte nach Canossa.

Kaiser | Grafen und Herzöge | Könige

Geschlecht der Staufer
Die Stammtafel enthält lediglich die zur Herrschaft gelangten Glieder der Familie (nach Manfred Akermann), ergänzt durch die Abfolge der Riesgrafen (nach Heinz Bühler).
Die Zahlen geben die Regierungsjahre wieder.

Friedrich
Graf
987

Friedrich
Riesgraf
1027–1030

Friedrich von Büren
† ca. 1054
(verh. Hildegard von Egisheim)

Friedrich I. »Der Alte«
Herzog von Schwaben
1079–1105
(verh. Agnes, Tochter Kaiser Heinrichs IV.)

Friedrich II. »Einaug«
Herzog von Schwaben
1105–1147
(verh. Welfin Judith)

Konrad III.
Deutscher König
1138–1152

Friedrich I. Barbarossa
König und Kaiser
1152–1190

Heinrich VI.
König und Kaiser
1190–1197

Philipp von Schwaben
Deutscher König
1198–1208

Friedrich II.
König und Kaiser
1212–1250

Heinrich VII.
Deutscher König
1222–1235 (abgesetzt)

Konrad IV.
Deutscher König
1250–1254

Konradin
Herzog von Schwaben
enthauptet 1268

Der Sohn Friedrichs des Alten – wir kommen jetzt zu Barbarossas Vater – hieß natürlich ebenfalls Friedrich, nur dass man ihn zur Unterscheidung »Monoculus« den Einäugigen, nannte, ohne dass die alten Quellen erzählen, ob er von Geburt an einseitig blind war oder ob er das Auge verloren hatte.

Im Alter von etwa 30 Jahren heiratete Friedrich Einaug um 1120 eine gewisse Judith, die Tochter Herzog Heinrichs des Schwarzen von Bayern aus dem Stamm der Welfen. Eine Tatsache, die später für die Karriere Friedrich Barbarossas von Bedeutung sein sollte.

Aus der Jugend Barbarossas wissen wir nur zwei Tatsachen. Die eine ist, dass seine Mutter Judith starb, als er acht oder neun Jahre alt war. Das andere einzig sichere Datum aus den ersten dreißig Lebensjahren Barbarossas ist dann der Mai des Jahres 1147, als der etwa fünfundzwanzigjährige Friedrich mit seinem königlichen Onkel Konrad III. zum Zweiten Kreuzzug ins Heilige Land aufbrach.

Dass wir es nicht einfach überlesen: König Konrad III. Wenn alles mit rechten Dingen zugegangen wäre, müsste nach der Erbfolge Friedrich Einaug König sein und nicht sein jüngerer Bruder Konrad. Was war also passiert?

Wir erinnern uns, dass Friedrich Barbarossas Großvater, der »wackere« Friedrich der Alte, die Tochter Kaiser Heinrichs IV. zur Frau bekommen hatte. Im Jahr 1090 hatte die Kaisertochter Agnes den Stammhalter Friedrich Einaug und drei Jahre später einen zweiten Sohn geboren, den man Konrad nannte.

König Konrad III.

Als nun Kaiser Heinrich V., der Sohn Heinrichs IV., im Alter von 44 Jahren am 23. Mai 1125 als letzter fränkischer Kaiser aus salischem Haus kinderlos in Utrecht starb, erbten die beiden staufischen Brüder Friedrich Einaug und Konrad als nächste Verwandte den Besitz und die Güter des salischen Herrscherhauses. Und, was entscheidender war: Friedrich Einaug war als ältester Sohn der Kaisertochter Agnes Anwärter auf den deutschen Königsthron.

Trotzdem wurde aber nicht Friedrich Einaug von den Fürsten zum König gewählt, sondern sein drei Jahre jüngerer Bruder Konrad. Wir kennen nicht die Beweggründe, die zu dieser Entscheidung geführt haben, aber es ist wahrscheinlich, dass sie religiöser Natur waren. Denn nach einer alten Regel, die bereits im Judentum galt, konnte kein Mensch Priester oder König werden, der ein körperliches Gebrechen hatte – und Friedrich hatte nur ein Auge. Damit war Friedrich Einaug und somit auch sein fünfjähriger Sohn Friedrich (noch nicht) Barbarossa vom Königtum ausgeschlossen.

Aber es kam anders. Kurz zusammengefasst: Noch zu Lebzeiten hatte Konrad III. die Reichsinsignien seinem Neffen Friedrich Barbarossa übergeben. Als Konrad dann starb, waren nur der Rotbart und der Bischof von Bamberg am Sterbelager, und die teilten mit, Friedrich solle nach dem Willen des Verstorbenen König werden und nicht etwa Konrads Sohn. Jedenfalls handelte Barbarossa auf einmal »mit unheimlicher Schnelligkeit«, wie ein Chronist notierte.

Konrad wurde nicht, wie gewünscht, im schwäbischen Lorch beerdigt, sondern hastig in Bamberg beigesetzt. Danach brachen Barbarossa und

Die Taufschale Friedrich Barbarossas

der Fürstbischof in aller Eile auf, um nun von den Fürsten die Wahl zum deutschen König zu erreichen. Was auch immer man nun die ganze Zeit vermuten, argwöhnen oder kombinieren mag – sie erreichten ihr Ziel.

Kaiser Friedrich Barbarossa

Am 4. März 1152 wählten ihn die deutschen Fürsten in Frankfurt einhellig zum König. Fünf Tage später, am 9. März 1152, wurde der etwa dreißigjährige Barbarossa in Aachen auf dem marmornen Stuhl Karls des Großen feierlich gekrönt und gesalbt. Seine Absicht, nun zur Kaiserkrönung nach Rom aufzubrechen, konnte er allerdings so schnell nicht verwirklichen. Die Fürsten hätten ihn begleiten müssen, aber der (Nieder-)Sachsenherzog widersetzte sich. Es war der Welfe Heinrich der Löwe.

Die Welfen waren ein Herrschergeschlecht aus fränkischem Reichsadel, das ursprünglich aus Lothringen stammte, seit der Mitte des 8. Jahrhunderts am Bodensee in Schwaben saß und mit den Staufern um Besitzungen und Einflussgebiete in ständiger Fehde lag. Am 21. Dezember des Jahres 1140 jedenfalls soll zum ersten Mal der Schlachtruf erklungen sein, der noch lange den Konflikt jener Epoche kennzeichnete: »Hie Welf – hie Waiblingen!«

Es war die Schlacht bei Weinsberg, in der Nähe von Heilbronn, bei der die Welfen von König Konrad III. besiegt wurden. Es war dieselbe Schlacht, bei der nach der Legende den Frauen der

Der »Cappenberger-Barbarossa-Kopf«, eines der bekanntesten Bildnisse des rotbärtigen Kaisers

besiegten Festung Weinsberg aus königlicher Milde gestattet wurde, frei mit dem abzuziehen, was sie auf den Schultern tragen könnten. Zu ihrer Verblüffung verloren die Sieger auf diese Weise auch die Männer als Gefangene, denn die Frauen hatten beim Abzug ihre Gatten Huckepack aufgeladen – weshalb die Burg bis heute »Weibertreu« heißt.

Auf der anderen Seite: Als Sohn einer welfischen Mutter hatte Barbarossa die besten Voraussetzungen, den schwelenden staufisch-welfischen Konflikt zu entschärfen und zu beenden. Wie sich Friedrich Barbarossa allerdings mit seinem etwas jüngeren Vetter Heinrich dem Löwen arrangieren sollte, ohne bestehende Ansprüche zu verletzen, blieb ein Rätsel. Die Wahrheit ist wohl, dass Barbarossa im wahrsten Sinne des Wortes »Vetternwirtschaft« betrieben hat, um seine eigenen Ziele zu verwirklichen.

Das Ergebnis jedenfalls ist eindeutig: Auf ein bloßes Versprechen hin, die Ansprüche Heinrichs des Löwen zu befriedigen (was später auch geschah), erklärte der sich nun bereit, Friedrich Barbarossa auf seiner Heerfahrt nach Italien und zur Krönung nach Rom zu begleiten. (Das Ende dieser Vetternwirtschaft kann man im Kapitel über Gelnhausen nachlesen).

Dass Kaiser in Rom gekrönt wurden, ist ein Erbe der Cäsaren, bleibt aber eine merkwürdige Geschichte: 324 Jahre nach dem Untergang des römischen Cäsarentums erinnerte sich Papst Leo III. (795–816) an den längst vergangenen Titel eines Cäsars. Er krönte aus Gründen, die nie ganz geklärt wurden, Karl den Großen bei seinem Besuch in Rom am 25. Dezember des Jahres 800 während eines Gottesdienstes zum »Serenissimus Augustus Imperator, Romanum gubernans imperium« – zum »Imperator Augustus, dem Herrscher des Römischen Reiches« – als ob es dieses Reich noch gäbe.

War es schon seltsam genug, dass Karl der Große die Herrscherwürde eines längst untergegangenen Reiches übertragen bekam, so war es noch

Kaiser Karl der Große

merkwürdiger, dass diese »Translatio Imperii«, die Übertragung des Reiches, von einem Mann vorgenommen wurde, der dazu gar nicht befugt war – vom Papst.

So war Karl der Große Kaiser eines untergegangenen Reiches, noch ehe er wusste, wie ihm geschah, nannte sich verdutzt noch monatelang »König«, und änderte erst dann den Titel, wie es ihm passte, in »Kaiser der Römer, König der Franken und Langobarden« ab.

Mit Otto dem Großen ging dann diese Würde eindeutig auf die »Deutschen« über und blieb da bis 1806, als der Habsburger Franz II. unter dem Druck Napoleons die Kaiserkrone des »Heiligen Römischen Reiches Deutscher Nation« niederlegte.

Seit seiner Krönung im Jahr 1155 war folglich auch Barbarossa Herrscher der Langobarden, und das ist der Hintergrund: Dieser Teil Italiens, der in jener Zeit zum Herrschaftsgebiet der Kaiser gehörte, bestand im Wesentlichen aus der Lombardei, also der Südseite der Alpen, der Po-Ebene und Tuszien (heute Toskana) im Westen, das an den römischen Kirchenstaat grenzte.

Dass man dieses Gebiet als zum Reich gehörig empfand, erklärte sich aus seiner Vergangenheit: Seine Bewohner waren germanische »Langbärte«, die zunächst an der Unterelbe gesiedelt hatten und Anfang des 5. Jahrhunderts weiter nach Süden gezogen waren. 568 waren diese »Langobarden« schließlich nach Italien gekommen und hatten sich vor allem in jenen Gebieten niedergelassen, die man daraufhin die »Langobardei« nannte, und die kennen wir heute verkürzt als »Lombardei«.

Diese wohl ursprünglich aus Südschweden stammenden und eine germanische Sprache sprechenden Langobarden waren dann im 8. Jahrhundert von Karl dem Großen in sein Reich eingegliedert worden. Und so gehörten sie also auch zu Barbarossas Zeiten zum Herrschaftsgebiet der Kaiser, obwohl sich ihre Sprache inzwischen, so ab der Jahrtausendwende, längst mit den Sprachformen der oberitalienischen Gebiete vermischt hatte.

Vor diesem Hintergrund aber wird verständlich, dass Barbarossa weite Teile Italiens als sein Reichsgebiet begriff und im Lauf seiner 38-jährigen Regierungszeit insgesamt sechs Feldzüge gegen die aufsässigen Lombarden unternahm. Sein Enkel Friedrich II. hingegen residierte überhaupt gleich in Italien und kam nur selten nach Deutschland.

Im Juni des Jahres 1156 gab es aber noch ein anderes Ereignis, das mehr als alle angeblichen Heldentaten in Italien zum Glanz der Kaiserwürde beigetragen haben dürfte. Es war die Hochzeit mit der fünfzehnjährigen Beatrix in Würzburg. Sie war die Erbin des Königreichs Burgund und brachte Friedrich auf diese Weise noch einmal einen riesigen Besitz bis hinunter ans Mittelmeer ein. Dankbar notierte damals der Chronist: »Von diesem Tag an lächelte bis auf die Gegenwart dem ganzen transalpinischen Reiche« – also Deutschland – »ein so heiterer Friede, daß Friedrich nicht nur Kaiser und Augustus, sondern auch Vater des Vaterlandes zu heißen verdient.«

Kaiser Barbarossa war in der Folge dann auch öfter in Burgund als in Italien, nämlich neunmal – und diese Hinwendung nach Westen hatte für die Kultur jener Zeit vielleicht noch mehr Bedeutung als die Züge nach Italien. Über die Kaiserin Beatrix, die nicht nur reiten und fechten konnte, sondern bald auch französisch und deutsch, italienisch (zumindest die mittelalterlichen Formen dieser Sprachen) und lateinisch parlierte, kam

Barbarossa und sein Gefolge vor dem Wäscherschloss und der Burg Hohenstaufen. Ausschnitt aus dem Rundgemälde von Hans Kloss im Kloster Lorch

der deutsche Hof mit der französischen Courtoisie und den provenzalischen Troubadouren in Berührung. Sie inspirierten dann auch den Minnesang eines Walthers von der Vogelweide, während die hiesigen Baumeister französische Gotik kennen lernten.

Es war ein Kaiser mit Fortüne. Er unternahm 1157 zusammen mit Heinrich dem Löwen von Halle an der Saale aus einen Feldzug zu den »Polanen« und erreichte, dass sich König Boleslaw bereit erklärte, »in bloßen Füßen und das bloße Schwert am Halse hängend« den Lehenseid zu leisten, einen hohen Tribut zu zahlen, Soldaten bereitzustellen und seinen Bruder als Geisel zu übergeben. So war der Feldzug nach Polen in wenigen Wochen beendet.

Es gelang ihm, die endlosen Streitereien mit dem Papst über die Vorherrschaft zu einem Ende zu bringen und sich auszusöhnen. Und er siegte schließlich über Heinrich den Löwen mit dem Ergebnis, dass die lombardischen, bisher vom Welfen unterstützten Städte die Lust verloren, sich noch länger mit dem Kaiser anzulegen oder gar einen neuen Krieg zu beginnen. Nach fünfundzwanzig Jahren waren so aus Gegnern des Kaisers Verbündete geworden, die nun sogar versprachen, »dem Herrn Kaiser getreulich zu helfen, seine Besitzungen, die er außerhalb des Bundes innehat, zu erhalten«.

So wurde 1184 das Mainzer Hoffest zum sichtbaren Ausdruck seines Ruhmes und seines Ansehens – aber da war noch etwas in der Hinterhand. Am 29. Oktober desselben Jahres war nach längeren Verhandlungen im Bischofspalast von Augsburg ein Ehevertrag zwischen Barbarossas Sohn Heinrich VI. und Konstanze, der Tochter Rogers II. von Sizilien, feierlich abgeschlossen und beschworen worden.

Das bedeutete, dass sich Friedrich Barbarossa mit eben jenem sizilianischen Königreich versöhnte und verschwägerte, das zu bekämpfen er einunddreißig Jahre vorher versprochen hatte. Nun hatte Barbarossa also nicht nur mit der Lombardei im Norden, sondern auch im Süden mit dem normannischen Königreich Sizilien Frieden gemacht.

(Wieso normannisch? Das Königreich Sizilien war damals alles andere als eine Fortsetzung Italiens nach Süden, wie es uns heute geläufig ist. So wie die ursprünglich nordischen Langobarden nach der Völkerwanderung Oberitalien okkupiert hatten und allmählich zu »Italienern« wurden, so waren Jahrhunderte später ebenfalls Männer aus dem Norden in Süditalien eingefallen und hatten sich Apulien unterworfen. Die Nor(d)mannen aus Skandinavien, die wir auch unter der Bezeichnung Wikinger kennen, hatten ab dem Jahr 800 Europa geradezu überflutet, die nach ihnen benannte Normandie besetzt, von dort aus 1066 England erobert und schon um 1060 unter Roger I. auch das erst byzantinische, später arabische Apulien eingenommen.)

Die Eheschließung mit der normannischen Konstanze bedeutete nun aber nicht, dass Friedrich Barbarossa oder sein Sohn Heinrich VI. tatsächlich die Macht in Süditalien und Sizilien ergreifen konnten. Denn niemand rechnete auch nur im Traum damit, dass Heinrich VI. einmal König von Sizilien werden würde. Nur weil er sich eben mit Konstanze von Sizilien verlobt hatte, einem älteren Mädchen um die dreißig, das man zu diesem Zwecke erst wieder aus einem Kloster hervorsuchen musste.

Allerdings war sie als Tochter Rogers II. von Sizilien die Erbin des Königreiches, falls der herrschende König Wilhelm II. keine eigenen Kinder bekommen sollte. Aber da musste man sich keine Sorgen machen: Wilhelm war ein noch junger Mann von etwa dreißig Jahren, der seit vier Jahren mit Johanna, der noch ganz jungen Tochter König Heinrichs II. von England verheiratet war – und manchmal dauert es eben seine Zeit, ehe sich Nachwuchs einstellt. Heinrich VI. selbst sollte das beste Beispiel sein: Er war acht Jahre mit seiner Konstanze verheiratet, bevor ihm die über 40-Jährige dann den ersten Sohn gebar.

Die feierliche Hochzeit zwischen dem 21-jährigen König und der elf Jahre älteren Braut fand am 27. Januar 1186 in Mailand in der Kirche des heiligen Ambrosius statt, die heute übrigens noch steht. Eine Heirat ohne Aussicht auf Macht – aber sie war am Ende bedeutsamer als manche sinnlose Schlacht.

Es war diese Heirat, die wider alles Erwarten einem deutschen Herrscher das größte Reich einbringen sollte, das ein Deutscher je mit dem friedlichen Mittel der Heirat – also nicht durch Krieg oder Besatzung – beherrschte. Ja, es war nach dem Ende des antiken Rom wohl überhaupt das größte zusammenhängende Territorium in Europa, das jemals wieder unter einer Herrschaft stand.

Denn auf einmal geschah das Unwahrscheinliche und Unvorhergesehene: Im November 1189 starb König Wilhelm II. von Sizilien, ohne einen Erben zu hinterlassen. Damit war plötzlich Konstanze von Sizilien Erbin. Ihr Ehemann Heinrich VI. war automatisch König eines Reiches, in dem er nie gewesen war, von dem er keine blasse Ahnung hatte und das zu regieren er auch keine Legitimation besaß.

Kaiser Friedrich Barbarossa hat das gerade eben nicht mehr erlebt. Er hatte lustlos den versprochenen (in der heutigen Zählung: Dritten) Kreuzzug angetreten und war seit Monaten im fernen Philopopolis (dem heutigen Plovdiv in Bulgarien) stecken geblieben. Am 10. Juni des Jahres 1190 ist er dann in den Fluten des Saleph ertrunken. (Kaiserin Beatrix, seine Frau, war schon Jahre zuvor gestorben, als sie gerade in Gelnhausen war. Sie war am 28. August 1185 im Dom zu Speyer beigesetzt worden.)

Der Kreuzfahrer Friedrich I. Barbarossa

Kaiser Heinrich VI.

Der Wechsel von Friedrich Barbarossa zu Heinrich VI. war mehr als nur ein Wechsel vom Vater zum Sohn, von einem Staufer zum nächsten. Denn selten hat ein Herrscherhaus dreimal hintereinander über Vater, Sohn und Enkel derart eigenständige, wenn auch einander entgegengesetzte Persönlichkeiten hervorgebracht wie die Staufer. Friedrich Barbarossa, dessen ehrbarer Charakter Zeitgenossen und Nachwelt mehr beeindruckt hat als zeitweilig seine Politik; Heinrich VI., dessen Weltmachtspolitik und dessen Erfolge, die er in nur sieben Regierungsjahren errang, nicht seinen perfiden Charakter verdecken; und Friedrich II., den genialen Antiherrscher, dessen Intelligenz, wissenschaftlicher Forscherdrang und geistige Unabhängigkeit ihn zum »ersten modernen Menschen« des Mittelalters machten.

Rostfreier Patriarch, erfolgreicher Machtmensch und charmanter Ketzer; biederer Schwabe, eiskalter Kosmopolit und sensibler Sizilianer – jeder auf seine Weise einmalig und die Gegenthese der anderen.

Dabei hatte Kaiser Friedrich Barbarossa alles getan, um die Kontinuität der Herrschaft zu sichern. Schon mit drei (!) Jahren zum König und Nachfolger gekrönt, hatte Barbarossa seinen Sohn Heinrich in den letzten Jahren als Mitregent herangezogen. Als Heinrich nach seines Vaters Tod mit noch nicht ganz 25 Jahren dann zum regierenden König wurde, traf ihn die neue Würde zwar überraschend, aber nicht unvorbereitet. Eine Reihe von geradezu unwahrscheinlichen Zufällen bestärkte ihn nicht nur in seinem Ehrgeiz, »das Reich noch größer und mächtiger als unter seinen Vorgängern zu gestalten«; sie machten ihn auch tatsächlich zum Herrscher einer »Weltmonarchie«, wie sie das mittelalterliche Europa bisher noch nicht gekannt hatte. Als Kaiser des Römischen Reiches, als König von Sizilien und Lehnsherr von England, Zypern und Armenien vereinigte er in den sieben kurzen Jahren seiner Herrschaft eine Machtfülle auf sich, die nahezu beängstigend war.

Sieht man nur den politischen Erfolg, kann man den Historiker Karl Jordan zitieren: »Auf der Bahn seines Vaters voranschreitend, hat er die staufische Königsmacht in Deutschland weiter gefestigt und das abendländische Kaisertum auf eine Höhe geführt, die bisher dahin noch nie erreicht worden war.« Für Jordan war daher der frühe Tod Heinrichs VI. »die schwerste Katastrophe in der Geschichte des deutschen Mittelalters«.

Kaiser Friedrich I. Barbarossa im Kreis seiner Söhne Heinrich, dem späteren König und Kaiser, und Friedrich, Herzog von Schwaben.

»Sein früher, unerwarteter Tod«, schrieb auch Karl Hampe in seiner Deutschen Kaisergeschichte, »war die furchtbarste Katastrophe der mittelalterlichen Geschichte Deutschlands«, denn das Machtvakuum, das der 32-Jährige hinterließ, führte zu Bürgerkriegs- und Chaoszuständen, die fünfzehn Jahre dauern sollten.

Erstaunlich, dass eine solche Gestalt wie Heinrich VI. trotzdem in den

Staufisches Vortragekreuz aus Süßen im Filstal

Geschichtsbüchern immer nur als Zwischenstation zwischen Friedrich Barbarossa und Friedrich II. auf wenigen Seiten behandelt wird. Es gibt, von wissenschaftlichen Abhandlungen abgesehen, eine ganze Anzahl von Biographien über Barbarossa und Friedrich II. – über Heinrich VI. jedoch kaum eine.

Den Grund lernt man begreifen, wenn man nicht nur die Erfolge sieht, sondern auch die dabei angewandten Methoden – und was da Chronisten und Historiker an Charakterzügen aufzählen, ist deprimierend: »Rücksichtslos, grausam und für Gefühlswerte unzugänglich«, fasste Hampe zusammen. Karl Jordan schreibt in Gebhardts »Handbuch der deutschen Geschichte«, Heinrich VI. war »eine gelegentlich sogar grausame Natur, die auch vor Treulosigkeit nicht zurückschreckte«; Wilhelm Zimmermann fand in seiner 1843 erschienenen »Geschichte der Hohenstaufen«: »Heinrich hatte die Schattenseiten seines Vaters in einem Grade, welcher sich bis zu Lastern steigerte, bis zum Entsetzlichen, ohne eine seiner Lichtseiten anders als in sehr geringem Grade zu besitzen.«

Und schließlich noch Friedrich von Raumer 1829 in seiner Geschichte der Staufer: »Er war hart gegen Abgeneigte, grausam gegen Widerspenstige, unerbittlich gegen Verräter«, jedenfalls ein Mann, der »auch schlechte, gemeine Mittel nicht verschmähte, und an die Stelle edler Festigkeit eine grausame Folgerichtigkeit seines Verstandes, an die Stelle freier Kühnheit des Gemütes frühzeitig eine krampfhafte Leidenschaftlichkeit« setzte.

Kurz: Heinrich VI. war ein mieser Charakter, zu klein, um ein negativer Held zu sein, und als Mensch zu unbedeutend, um seinen eigenen Erfolgen standzuhalten. Er, »bleich und gedankenvoll«, wie ein Chronist schrieb, war ein Mann, der auch zarte Minnelieder dichtete, aber dann einen Bischof einfach verprügeln ließ, weil er anderer Meinung war. Von abartiger Grausamkeit ist die Rede, von Unberechenbarkeit und Gesetzlosigkeit, von unmenschlichen Charaktereigenschaften.

Was er an Grausamkeiten verübte, hatte mit Bestrafung nichts mehr zu tun. Richard von Acerra ließ er von Pferden durch die Straßen von Capua schleifen. Als er nach zwei Tagen immer noch lebte, nachdem er an den Füßen aufgehängt worden war, trieb Heinrichs Hofnarr noch ein grausiges Spiel mit ihm, bevor er ihn »erlöste«.

In Palermo ließ Heinrich den Grafen Giordano, der als Haupt des Widerstandes galt, auf einen eisernen glühenden Thron setzen und ihm eine glühende Krone mit Nägeln an den Kopf schlagen. Und jedes Mal musste Konstanze an der Seite ihres Herrn Gemahls diesen Folterungen zusehen.

Als Heinrich am 28. September 1197 an Malaria starb, kam denn auch sofort das Gerücht auf, Konstanze habe ein wenig mit Gift nachgeholfen – Grund genug hätte sie jedenfalls gehabt. Ob in Deutschland oder Sizilien – es gelang Heinrich VI. ohne Mühe, sich mit allen zu verfeinden und in Unfrieden zu leben.

Ohne das jetzt im Detail darzustellen, nur soviel: Im Januar 1190, zwei Monate nach dem Tode König Wilhelms II. wurde er in Palermo mit Zustimmung des Papstes zum König von Sizilien gekrönt. Am Ostermontag des folgenden Jahres, es war der 15. April 1191, wurde er von Cölestin III. zum Kaiser und Konstanze zur Kaiserin gekrönt – einen Tag nachdem Cölestin selbst erst zum Papst geweiht worden war.

Eine biographische Notiz, die ganz harmlos klingt. Aber auch dahinter steckt schon wieder eine bodenlose Gemeinheit. Wegen seiner Sizilienpolitik wollte ihn der neu gewählte Papst Cölestin nämlich nicht zum Kaiser krönen. Um ihn nicht krönen zu müssen, war Cölestin auf den Trick verfallen, sich zwar wählen, aber nicht zum Papst konsekrieren zu lassen: ein nicht geweihter Papst konnte auch keinen Kaiser krönen.

Heinrich, der wenige Kilometer entfernt im kaisertreuen Tusculum saß, nahm daraufhin Verbindung mit den Römern auf, die sofort bereit waren, den Papst zur Krönung zu zwingen, wenn sie dafür Tusculum erhielten. Es war die Stadt, die Heinrich VI. eben mit offenen Armen aufgenommen hatte.

Die Forderung der Römer war für jeden eine Zumutung, der noch etwas auf Bündnistreue und Rechtschaffenheit gab. Unser Heinrich aber, »des großen Friedrichs entarteter Sohn«, wie ein Historiker entrüstet schrieb, fand auch hier, dass der Zweck die Mittel heilige. Zwar hatte er eben erst den königlichen Schutz für Tusculum erneuert, zog nun aber sofort ab und überließ die Stadt der Rache der Römer. Am Karfreitag zogen diese in Scharen nach Tusculum, zerstörten und verbrannten die Stadt, verstümmelten oder blendeten die Bewohner, erschlugen sie. Das war das Ende.

Die wenigen Überlebenden bauten sich neben den Trümmern Tusculums aus Zweigen armselige Hütten. Nach diesen Zweigen hat die Nachfolgestadt bis heute ihren Namen, die nach dem italienischen Wort für Zweig, »frasca«, Frascati heißt. Heinrich aber zog nach Rom, der verängstigte Papst ließ sich sofort konsekrieren und musste nun auch Heinrich zum Kaiser krönen – siehe oben.

Und es hatte kein Ende. Auch den Beginn seiner »Weltherrschaft« kann man nur mit der Vorstellungskraft eines Raubritters nachvollziehen. Es war zum Jahreswechsel 1192/93, als er den 35-jährigen König Richard I. von England, genannt Löwenherz, einfach gefangen nahm und ein unglaubliches Lösegeld erpresste. Nun war Richard Löwenherz zwar das Urbild eines abenteuernden, umherstreifenden Ritters, der von zehn Regierungsjahren nur ganze sechs Monate in England verbrachte und der später in seinem königlichen Testament der Stadt Poitiers, die ihn früher einmal beleidigt hatte, seinen letzten Stuhlgang vermachte. Aber es war eben auch nicht die feine englische Art, einen König gefangen zu nehmen und zu erpressen, mit dessen Land er sich gar nicht im Krieg befand. Erst recht, wenn dieser König in Sachen Kreuzzug unterwegs war.

Noch einmal der Historiker Wilhelm Zimmermann: »Seine Politik war Arglist, Falschheit, eine Wortbrüchigkeit, die keine Scham kannte und jede Bemäntelung verschmähte, von vornherein berechneter Treulosigkeit.«

Dieser Mensch starb, vermutlich von niemandem betrauert, 1197 im Alter von 31 Jahren und wurde im April 1198 im Dom zu Palermo beigesetzt.

Seine Witwe, die Kaiserin Konstanze, versuchte der heillosen Verwirrung in Sizilien Herr zu werden. Es gelang ihr nicht mehr. Ein Jahr später erkrankte sie und ließ in Todesvorahnung ihren vierjährigen Sohn Friedrich Roger, den späteren Kaiser Friedrich II., am 17. Mai 1198 zum König von Sizilien krönen. Als Zweijähriger (!) war er ja bereits unter seinem Vater zum deutschen König gewählt worden. Dann übergab sie Friedrich Roger und das Land in die Obhut des Papstes, starb am 27. November und wurde im Dom zu Palermo beigesetzt.

König Philipp von Schwaben, Irene und Otto

Bis der am 26. Dezember 1194 in Jesi in der Provinz Ancona geborene und nach seinen Großvätern benannte Friedrich Roger, also der spätere Friedrich II., an die Macht kam, gab es mehrere Könige, Bürgerkrieg, Mord und Totschlag. Und, alles in allem, fünfzehn Jahre lang ein Interregnum, bei dem so ziemlich alles verloren ging, was Barbarossa und Heinrich VI. erreicht hatten.

Dabei wäre es eine Sache von Tagen gewesen, dass alles hätte anders kommen können. Heinrich VI., der die Wahl seines Sohnes Friedrich möglichst schnell auch durch die Krönung in Aachen absichern wollte, hatte seinen etwa 20-jährigen Bruder Philipp von Schwaben gebeten, das Kind in Foligno bei Assisi abzuholen, wo es bei Freunden erzogen wurde, und zur Krönung nach Aachen zu bringen.

Ursprünglich war der um 1177 geborene Philipp, der jüngste der fünf Söhne Barbarossas, vom Vater für den geistlichen Stand bestimmt worden, wo er denn auch schnell Karriere machte. Mit zwölf war er Propst des Aachener Marienstifts und wurde mit noch nicht einmal 15 Jahren zum Bischof von Würzburg gewählt (wenn wohl auch nicht konsekriert).

Diese geistliche Karriere hatte ihr jähes Ende gefunden, als Philipps Bruder, Herzog Konrad von Schwaben, am 15. August 1196 in (Karlsruhe-)Durlach auf sonderbare Art ums Leben gekommen war: Bei einem Liebesabenteuer hatte ihn die Angebetete derart ins Auge gebissen, dass er daran starb. Nach einer anderen, weniger eindrücklichen Version war der Ehemann der Gespielin der Beißerei mit einem Dolch zuvorgekommen. Wie dem auch sei, Kaiser Heinrich VI. erhob Philipp nun an Stelle des Bruders zum Herzog von Schwaben und verheiratete den inzwischen ohnehin laisierten Kirchenmann mit der Witwe Rogers III., des ältesten Sohnes des verstorbenen sizilianischen Königs Tankred. Das geschah Pfingsten 1197 bei Augsburg.

Diese Witwe, inzwischen schon 15 Jahre alt, wurde als Tochter des Kaisers Isaak II. von Byzanz in Konstantinopel geboren und hieß Irene. (Es ist ebendiese Irene, die nach der Ermordung Philipps in Bamberg auf den Hohenstaufen floh, dort im Kindbett starb und als einzige Königin in Lorch beerdigt wurde.)

Philipp also machte sich mit 300 schwäbischen Rittern auf den Weg, kam aber nicht bis Assisi, denn inzwischen war Kaiser Heinrich VI. gestorben. In Mittelitalien war daraufhin ein Aufstand gegen das Reich ausgebrochen, so dass Philipp kurz vor dem Ziel umkehren und fliehen musste. Klein-Friedrich wurde wieder zu seiner Mutter nach Palermo gebracht.

Es wäre nun logisch gewesen, dass Heinrichs Witwe, die Kaiserin Konstanze, die Regentschaft für Friedrich übernommen hätte, aber auf diese Idee kam offenbar niemand: Sie war und blieb auch als Frau des deutschen Königs Sizilianerin. So kehrte Philipp von Schwaben, der »junge süeze man«, wie ihn Walther von der Vogelweide genannt hat, nach Deutschland zurück, um nun selbst für Friedrich die Regentschaft zu übernehmen. Die Reichsfürsten waren dafür, doch der Erzbischof Adolf von Köln hintertrieb die Anerkennung. Der Grund war einfach: Der Erzbischof war mit Richard Löwenherz von England verbündet, und dass der alles tat, um seinem staufischen Widersacher zu schaden, versteht sich.

Unter diesen Umständen hielt es Philipp von Schwaben für besser, sich selbst im März 1198 im thüringischen Mühlhausen zum König wählen zu lassen und damit ebenfalls zum Verwalter des Kaisertums. Das war im Grund eine Unmöglichkeit, denn mit Friedrich II. hatte man bereits einen eigenen König. Aber vermutlich waren die deutschen Fürsten froh, die von Heinrich VI. erzwungene Wahl des halbnormannischen Königskindes stillschweigend zurücknehmen zu können.

Symbole kaiserlicher Herrschaft:
die Reichskrone, der Reichsapfel und das Reichsschwert

Inzwischen hatte man jedoch längst schon einen dritten König, der, wie konnte es anders sein, ein Welfe war. Richard Löwenherz hatte sich diese Rache an den Staufern viel Geld kosten lassen. Und so kam es, dass der Kölner Erzbischof im Auftrag Richards prompt einen Rivalen fand: es war der etwa 20-jährige Welfe Otto, der Sohn Heinrichs des Löwen. Er wurde als dritter deutscher König am 9. Juni 1198 als Otto IV. gewählt und noch vor Philipp am 12. Juli in Aachen gekrönt.

Geklärt war dadurch nichts. Der Welfe Otto war zwar am richtigen Ort, in Aachen, aber mit der falschen Krone, der Staufer Philipp dagegen am falschen Ort, in Mainz, dafür aber am 8. September mit der echten Krone gekrönt worden. Für mittelalterliche Begriffe ein unlösbares Problem, das nur durch Schlachten oder Geld gelöst werden konnte. Dass der Papst Otto anerkannte und Philipp bannte, änderte nichts an der Lage, in der schließlich auch Franzosen und Engländer Partei ergriffen.

Allmählich aber gewann der Staufer Philipp nach einigen Feldzügen die Oberhand und konnte sich endlich am 5. Januar 1205, nach sieben Jahren, ein zweites Mal krönen lassen. Diesmal am richtigen Fleck, in Aachen, mit den echten Reichsinsignien und vom zuständigen Coronator, dem Kölner Erzbischof. Philipp hatte über die Welfen

gesiegt. Aber noch bevor er endlich in Ruhe ans Regieren gehen konnte, wurde er am 21. Juni 1208 in Bamberg während einer Hochzeitsfeier vom bayerischen Pfalzgrafen Otto von Wittelsbach ermordet.

Es war der erste Königsmord in der deutschen Geschichte und ein unerhörtes Ereignis. Dabei war es offenbar kein politischer Mord, sondern allem Anschein nach die Rache des jähzornigen und beleidigten bayerischen Pfalzgrafen Otto, dem König Philipp erst eine seiner Töchter als Frau versprochen, dann aber das Eheverlöbnis wieder zurückgenommen hatte. Daraufhin war der Bayer wutentbrannt in Philipps Zimmer auf Schloss Altenberg bei Bamberg eingedrungen und hatte ihn mit dem Schwert erschlagen, so dass er, wie man früher sagte, »entseelt in seinem Blut zu Boden sank«.

Friedrich Roger und der Welfe Otto IV.

Da Philipp nur Töchter hatte und alle anderen Söhne Barbarossas – bis auf einen – ohne männliche Erben gestorben waren, gab es im Jahr 1208 nach der Ermordung Philipps nur noch einen einzigen legitimen Nachfolger der Staufer. Es war der 14-jährige Roger Friedrich in Palermo.

Niemand kümmerte sich um ihn, und er musste sich deshalb von fremden Leuten reihum zum Essen einladen lassen, um bei seinem Streunerdasein überhaupt satt zu werden, von »einem Bürger eine Woche«, von einem anderen »einen Monat und so fort«. So jedenfalls die »Sizilische Chronik« aus dem 14. Jahrhundert.

Um diesen Jungen einigermaßen unter Kontrolle zu halten, verfiel der Papst auf die Idee, ihn zu verheiraten, und zwar mit einer Familie, die dem Papst als Lehensträger verpflichtet war und schon dafür sorgen würde, dass Friedrich keine weiteren Ansprüche auf Sizilien stellen konnte. Er schlug dem noch nicht einmal 14-jährigen Friedrich vor, eine gewisse Konstanze von Aragon zu heiraten. Friedrich war davon überhaupt nicht begeistert, denn die spanische Konstanze, bereits Witwe des Ungarnkönigs Emmerich, war mindestens schon 25 Jahre alt. Wie sein Vater Heinrich VI. die um elf Jahre ältere Konstanze von Sizilien geheiratet hatte, so sollte nun also auch der Sohn eine ebenfalls elf Jahre ältere Konstanze von Aragon zur Frau bekommen.

Aber auch der König von Aragon, der Bruder jener Konstanze, zeigte keine große Lust, seine Schwester an einem kaum 14-jährigen »Straßenjungen« wegzugeben, der noch nicht einmal als erwachsen galt. Deshalb schrieb der Papst, wenn schon nicht aus eigener, so doch aus literarischer Kenntnis, an Peter II. von Aragon beruhigende Worte über die Potenz der »ebenbürtigen Cäsaren«: »Ihre Manneskraft tritt vor der Zeit ein.« Eine Fähigkeit, die übrigens Dank der päpstlichen Prophetie bei Friedrich so ausdauernd anhielt, dass die Genealogen bis heute bei der Aufstellung seiner Nachkommenschaft verzweifeln – abgesehen von den 19 Kindern, die man sowieso schon kennt und gegen die die elf oder zwölf Kinder Barbarossas gar nichts sind.

Wie dem auch sei. Im August 1209 traf Konstanze in Palermo ein, wo dann kurz darauf die Hochzeit stattfand und Friedrich eine Entdeckung machte, auf die er nicht gefasst war: Er liebte seine Konstanze und sie liebte ihn.

In der Meinung damit Friedrich aus dem Weg zu haben, krönte Innozenz III. am 4. Oktober 1209 den übrig gebliebenen König Otto zum Kaiser der Römer. Damit war – ein später Triumph – doch noch ein Welfe Kaiser geworden. Aber weder Welfen noch Papst konnten ihren Erfolg genießen. Noch in Rom kam es zu blutigen Zusammenstößen zwischen Römern und Ottos Heer, woraufhin sich Otto nicht mehr an getroffene Abmachungen hielt und auf einmal gegen Roger Friedrich zu Felde zog. Der Papst verhängte den Bann über Otto, und das Ende vom Lied war, dass nun auch den deutschen Fürsten auffiel, dass Otto IV. zwar »stark, aber sonst hochfahrend und dumm« war.

Auf Anregung des Papstes und den Rat König Philipps von Frankreich kamen im September des Jahres 1211 in Nürnberg die deutschen Fürsten zusammen und, in der Wahl ständig wechselnder Könige schon einigermaßen geübt, wählten sie diesmal Friedrich II. zum deutschen König und setzten dafür Otto IV. ab.

Friedrich, der schon auf dem Sprung war, sich auf der Flucht vor Otto IV. nach Afrika einzuschiffen, las daher einigermaßen erstaunt das Schreiben, das ihm bald darauf ein Beauftragter der Fürsten in Palermo überreichte: »Die versammelten Fürsten des Deutschen Reiches entbieten dem Erlauchten Herrn, dem König von Sizilien und Herzog von Schwaben, Friedrich, ihren Gruß.«

Nach dieser Einleitung las der inzwischen 17-jährige Friedrich weiter: »Wir, die Fürsten des Deutschen Reiches, denen von alten Zeiten her das Recht und die Macht gegeben ist, ihren König und Herrn zu erwählen und solchen auf den alten Thron der Römischen Kaiser zu setzen, sind in Nürnberg zusammengekommen, um über das gemeinsame Beste zu ratschlagen und einen neuen König zu wählen. Wir richten nun unsere Augen auf Dich als den, der solcher Ehre am allerwürdigsten erscheint, der zwar ein Jüngling an Jahren ist, aber ein Greis an Einsicht und Erfahrung, den die Natur mit allen edlen Gaben mehr als irgendeinen anderen Menschen ausgestattet hat, den edelsten Spross jener erhabenen Kaiser, die weder ihre Schätze noch ihr Leben geschont haben, das Reich zu mehren und alle ihre Untertanen zu beglücken.

In Anbetracht all dieses bitten wir Dich nun, dass Du Dich aus deinem Erbreich erheben und zu uns nach Deutschland kommen wolltest, um die Krone dieses Reiches gegen den Feind Deines Hauses zu behaupten.«

Am Palmsonntag, dem 18. März 1212, segelte der 17-jährige daraufhin mit einer Hand voll treuer Begleiter aus Palermo ab, um fast ohne einen Pfennig Geld dieses Reich in Besitz zu nehmen.

Kaiser Friedrich II., Nachbildung einer Statue vom Brückenkastell im süditalienischen Capua

Kaiser Friedrich II.

Ohne auch nur einen Schritt von der historischen Wirklichkeit abzuweichen, kann man die Geschichte des Barbarossa-Enkels Friedrich wie ein Märchen erzählen. Es ist die Geschichte von einem Königskind, das fern vom königlichen Hof aufwuchs, das beide Eltern verlor und, als Waisenkind herumgestoßen, in Armut lebte, während andere auf dem Thron saßen, der ihm zustand. Aber am Ende sollte er als Jüngster und Ärmster über alle triumphieren.

»Arm und abgerissen wie ein Bettler« zog er los, wie der Chronist schreibt, um ein fernes Königreich zu übernehmen, dessen Sprache ihm fremd war und das ihm dann doch ohne Schwertstreich zufiel. Es ist die Geschichte von einem armen Königssohn, den niemand auf seine Zukunft vorbereitet hatte und der dann einer der gebildetsten und weisesten Herrscher war, die je auf einem Kaiserthron gesessen haben, eine Gestalt, von der es im Märchen heißen würde: Und wenn er nicht gestorben ist, dann lebt er heute noch.

Aber selbst in diesem Detail bleibt das Leben dieses Hohenstaufers märchenhaft: Sein Tod erschien den Zeitgenossen so unfasslich, dass sie ihn in der Legende an einem unbekannten Ort weiterleben ließen. In größter Not sollte er dann kommen, um das Reich zu retten. »Falsche Friedriche« gab es nach seinem Tod genug. Die Sage vom lebenden Kaiser wurde erst viel später auf Barbarossa und den Kyffhäuser übertragen.

Als Friedrich II. damals am 18. März 1212 aus Palermo absegelte, war es zunächst freilich eine Art Katz-und-Maus-Spiel. Überall lauerten ihm welfentreue Galeeren und Truppen auf. In Rom noch umjubelt musste er ein Vierteljahr in Genua bleiben, weil ihn seine Gegner abfangen wollten. In Pavia geriet er in einen Hinterhalt und der Marsch über die Alpen dauerte nahezu zwei Monate. Er musste mit seinem »Heer« von kaum sechzig Mann unwegsame und strapaziöse Nebenpässe wählen, da seine Gegner den Brenner besetzt hielten.

Es war ein dramatischer Wettlauf mit der Zeit. »Wäre Friedrich drei Stunden später in Konstanz eingetroffen«, schrieb ein Chronist, »so wäre er niemals in Deutschland hochgekommen.« Denn kaum hatte Otto IV. erfahren, dass Friedrich auf dem Weg nach Norden war, hatte er einen Feldzug in Thüringen abgebrochen und war in Gewaltmärschen an den Bodensee geeilt.

In Überlingen wartete Otto IV. gerade auf seine Bodenseefähre, die ihn nach Konstanz bringen sollte, als just in diesen Stunden von der anderen Seite her Friedrich vor dem Stadttor auftauchte. Die Konstanzer, die sich bereits auf einen feierlichen Empfang Kaiser Ottos eingerichtet hatten – Ottos Hofköche waren schon eingetroffen und bereiteten das Festmahl vor – wollten Friedrich unter keinen Umständen in die Stadt lassen. Konstanz werde seine Tore nur dem rechtmäßigen Kaiser öffnen, so hieß es.

Als aber dann der päpstliche Legat Berard von Castacca vortrat und die päpstliche Bannbulle gegen den »ehemaligen Kaiser Otto« verlas, wendete sich das Blatt. Während Otto IV. wenige Kilometer vor Konstanz verzweifelt auf sein Schiff wartete, vollzog sich in Konstanz eine bühnenreife Posse: Der feierliche Empfang, für Otto gedacht, kam nun Friedrich zugute, und als Ottos Köche das Festmahl auftrugen, saß ein 17-jähriger Junge an der Tafel, der nun behaglich den Festbraten für den ehemaligen Kaiser aufaß.

Als dann Otto IV. endlich vor Konstanz Anker warf, war der Rollentausch perfekt. Jetzt stand er vor den Toren der Stadt und wurde ebenso wenig hineingelassen wie wenige Stunden zuvor Friedrich II.

Dieser zufällige Zeitvorsprung entschied das Schicksal Friedrichs. Otto blieb ausgeschlossen, und Friedrich, einmal in Konstanz als rechtmäßiger Herrscher anerkannt, gewann in wenigen Monaten die Unterstützung der Staufergebiete, des Klerus und der Bevölkerung, während das Ansehen des gebannten Otto rapide schrumpfte.

Dass Friedrich so schnell anerkannt wurde, hat freilich einen sehr profanen Grund. Es lag ganz einfach daran, dass er die Fürsten großzügig mit Geld bestochen hatte. Das notwendige Geld – es waren 20 000 Silbermark – hatte er gegen bestimmte Zusagen vom französischen König erhalten. Als man damals Friedrich besorgt fragte, wo er so viel Geld aufbewahren wollte, soll er geantwortet haben: »Bei den Fürsten.«

Gelegenheit dazu ergab sich gleich darauf am 5. Dezember auf der großen Fürstenversammlung in Frankfurt, die ihn noch einmal zum König wählte. Vier Tage später, also am 9. Dezember 1212, wurde der 17-jährige Friedrich II. von Hohenstaufen dann feierlich zum König gekrönt, wenn auch am falschen Ort, in Mainz, und ohne die echten Insignien, da die Kaiserstadt Aachen im Einflussgebiet Ottos lag.

Damit war Friedrich II., ein Vierteljahr nach seiner abenteuerlichen Alpenüberquerung mit Unterstützung des Papstes und der Überzeugungskraft französischen Geldes, rechtmäßiger König. Auch wenn er genau besehen eigentlich nur ein neuer Gegenkönig zu Otto IV. war, der ja, ebenfalls rechtmäßig und sogar richtig in Aachen gekrönt und gesalbt, noch immer als Kaiser und König regierte.

Dieser nun schon 15 Jahre andauernde Thronstreit wurde aber nicht, wie man denken sollte, von den Deutschen gelöst, sondern fast versehentlich von den Franzosen. Es ist dies wieder mal einer jener seltsamen Glücksfälle, die Friedrich II. den Weg ebneten, den er allein nie hätte gehen können.

Otto IV. hatte nämlich beschlossen, mit Frankreich Krieg zu führen und wurde bei dieser Gelegenheit von den Franzosen im Jahr 1214 vernichtend geschlagen. Damit hatte der französische König zum dritten Mal den Königsmacher für Friedrich gespielt: Erst durch seine Fürsprache beim Papst, dann mit seinem Geld und schließlich mit einem Sieg auf dem Schlachtfeld von Bouvines. Unbeachtet und ohne jeden Einfluss starb – wie einst sein Vater Heinrich der Löwe – der Welfenkaiser Otto IV. im Jahr 1218, noch keine 36 Jahre alt.

Da nach damaliger Ansicht die Rechtmäßigkeit der Krönung und der Anspruch auf die Kaiserkrone erst dann eindeutig gegeben war, wenn Krönung und Salbung in Aachen, »der Hauptstadt und dem Sitz des Deutschen Königtums« vollzogen wurde, ließ sich Friedrich II. am 23. Juli 1215 ein zweites Mal und nun auf dem ehrwürdigen Thronsitz Karls des Großen und nun auch mit der echten Krone zum König salben.

Und wie Friedrich Barbarossa zu Ehren des »Herrn Karl« für den Aachener Dom den großen Radleuchter hatte anfertigen lassen, so erwies auch dessen Enkel Friedrich II. Karl dem Großen seine Reverenz. Am Tag nach seiner Krönung ließ Friedrich II. die Gebeine des großen Karolingers in einen kostbaren Schrein aus Gold und Silber umbetten, den schon Barbarossa in Auftrag gegeben hatte, der aber

Der Karlsschrein im Aachener Dom

erst jetzt fertig geworden war. An seiner Außenfläche waren 16 deutsche Kaiser und Könige bis zu Friedrich II. selbst in Silber getrieben abgebildet. Der mehr als zwei Meter lange Schrein steht bis auf den heutigen Tag im Aachener Dom.

Bevor der Schrein geschlossen wurde, deckte Friedrich II. die Gebeine Karls des Großen mit einem kostbaren Tuch zu, das aus einer islamischen Weberei stammte und dessen auffälligste »Arabeske« unpassenderweise in endloser Wiederkehr hüpfende Häschen zeigte (heute im Aachener Domschatz). Danach, so berichtet ein Chronist, legte Friedrich zur Verwunderung der anderen den Mantel ab, »nahm einen Hammer, erstieg mit dem Werkmeister das Gerüst und schlug vor den Augen aller Anwesenden zusammen mit dem Meister die Nägel des Schreines fest«.

Auch das also, wie so viele andere, eine authentische Stauferstätte von besonderem Reiz – in der Beschränkung auf das schwäbische Stammgebiet im Südwesten hier allerdings nicht eigens als Ziel angeführt. Da müssten wir bei Friedrich II. ohnehin umdenken: Im Kern-Schwäbischen war er lediglich je einmal in Esslingen und Geislingen und dreimal in Wimpfen. Kein einziger Besuch auf dem Hohenstaufen ist bekannt, dafür aber zehn in Ulm, 13 in Augsburg und gar 14 in Nürnberg. Sein Zentrum war der Rhein: Allein in Worms, Speyer und Hagenau war er, rechnet man es zusammen, 49-mal und das oft für längere Zeit.

Die acht Jahre, die er in Deutschland verbracht hatte, bevor er praktisch für immer nach Sizilien zurückkehrte, nutzte Friedrich zur Festigung seiner Macht. Die ersten drei Jahre zwischen seinem triumphalen ersten Auftritt und der Krönung hatte er vor allem dazu verwendet, seine persönliche Stellung auszubauen.

Die folgenden fünf Jahre bis zu seiner Krönung als Kaiser dienten hauptsächlich dazu, seine Ansprüche auf Sizilien gegenüber dem Papst zu behaupten. Denn von einer geistlichen Instanz war das Papsttum unter Innozenz III. zur realpolitischen Macht geworden, die nicht mehr nur mit Fluch und Segen in den Ablauf der Welt eingriff, sondern die selbst Länder besaß und sie in eigener Herrschaft verwaltete. Mochte das Reich Jesu Christi nicht von dieser Welt sein – das seines Stellvertreters war es allemal.

Doch Friedrich wusste sich zu helfen. Im Jahr 1216 ließ er seine Frau Konstanze und seinen inzwischen vierjährigen Sohn Heinrich nach Deutschland kommen. Hier übertrug er dem Kind sofort das Herzogtum Schwaben und zwei Jahre später auch das so genannte »Rektorat«, also die Verwaltung von Burgund. Wieder zwei Jahre später, im April 1220, hatte Friedrich II. dann sein Ziel erreicht: die deutschen Fürsten wählten den achtjährigen Heinrich zum deutschen König. Friedrich war bei der Wahl absichtlich nicht dabei, so dass er hinterher immer behaupten konnte, die Wahl sei »in unserer Abwesenheit und ohne unser Wissen« erfolgt.

In Wirklichkeit hatte er die Wahl seines Sohnes unter Preisgabe weiterer Privilegien an die Fürsten, vor allem an die geistlichen, erkaufen müssen, die nun weitgehende landesherrliche Rechte erhielten. Aber Friedrich hatte erreicht, was er wollte: Da Heinrich im reifen Alter von einem Jahr bereits zum König von Sizilien gewählt worden war und nun auch die deutsche Krone besaß, konnte Friedrich dem Buchstaben getreu nach seiner Krönung zum Kaiser leicht auf Sizilien verzichten und so tun, als ob er die Umklammerung des Kirchenstaates aufgegeben hätte.

Denn wenn er selbst nicht gleichzeitig über Sizilien und das Römische Imperium herrschen durfte, dann eben sein Sohn. Und da sein Sohn minderjährig war, würde er als Vater für ihn in Sizilien regieren – so einfach war das, man musste nur erst einmal darauf kommen. Tatsächlich hat Friedrich II. das Erbreich Sizilien auch später nie als einen Teil des Imperiums betrachtet, so dass – genau besehen – der Kaiser das Heilige Römische Reich die letzten dreißig Jahre seiner Herrschaft sozusagen aus dem Ausland regierte.

Der Krönung zum Kaiser stand nun nichts mehr im Wege, und so ließ Friedrich II. seinen achtjährigen Sohn unter der Aufsicht eines Kronrates in Deutschland zurück und zog mit Konstanze zurück nach Rom. Für Konstanze von Aragon war es ein Abschied für immer, sie hat ihren Sohn nie wiedergesehen.

Am 22. November 1220 wurde Friedrich II. in Sankt Peter in Rom von Papst Honorius III. zum 89. Kaiser seit Augustus gekrönt. Bei der Feierlichkeit trug der 25-jährige Enkel Barbarossas den Krönungsmantel seines normannischen Großvaters Roger II., der neunzig Jahre zuvor zum »Herrscher über beide Sizilien« (Sizilien und Süditalien) gekrönt worden war. Es war ein Mantel mit arabischen Motiven und arabischer Inschrift. Er gehörte seither zum Krönungsornat der deutschen Herrscher und kann heute noch in der Schatzkammer der Wiener Hofburg besichtigt werden.

Für Friedrich hörte auch in Italien der Streit mit den Päpsten nicht auf, die ihn im Laufe der Zeit zweimal exkommunizierten und einmal für abgesetzt erklärten, unter anderem, weil

Diesen arabischen Mantelumhang trug Friedrich II. bei seiner Krönung in Rom im Jahr 1220.

er einen Kreuzzug zwar versprochen, aber nie unternommen hatte. Dabei kam es zu geradezu aberwitzigen Konstellationen, als er dann wirklich zum Kreuzzug aufbrach. Da sie ein bezeichnendes Licht auf das Verhältnis von Kaiser und Kirche werfen, will ich sie kurz schildern.

Nachdem alle Kreuzzüge zuvor mehr oder weniger in Katastrophen geendet, zumindest aber nichts erreicht hatten, gelang es dem exkommunizierten Kaiser, allein durch Verhandlungen und ohne jeden Schwertstreich alle verlorenen Gebiete in Palästina, mitsamt Jerusalem, zurückzuerhalten.

Statt jetzt dankbar zu sein waren die Kirchenleute erst recht beleidigt, dass ohne sie gelang, was mit ihnen regelmäßig schief ging. Niemand kam auf die Idee, nun den Kaiser etwa vom Bann zu lösen. Im Gegenteil: der Patriarch von Jerusalem nannte den Vertrag über die Rückgabe der Stadt an die Christenheit sogar »tückisch und trügerisch«, ja, sogar ein »unsinniges Verbrechen« und drohte den Jerusalemern den Bann an, falls sie den Kaiser in ihren Mauern aufnehmen würden.

Friedrich II. ließ sich nicht irritieren. Am 17. März 1229 überreichte ihm der Kadi Schams ed-Din (»Sonne des Glaubens«) von Nablus im Namen des Sultans die Schlüssel der Stadt und so zog Friedrich in Jerusalem ein. Als der Kaiser am nächsten Morgen – es war ein Sonntag – mit seinen Soldaten und den Deutschen Ordensrittern in der Grabeskirche an der Messe teilnehmen wollte, war kein Priester erschienen, um die heilige Messe zu lesen. Der Befreier von Jerusalem war geächtet. Aber das focht den Kaiser nicht an. War kein Priester und kein Bischof da, so musste er selbst tun, was deren Aufgabe war: Er ließ die Königskrone auf den Passionsaltar legen, hob sie feierlich auf und – krönte sich selbst zum König von Jerusalem. Sodann fand er sogar noch versöhnliche Worte für den Papst.

Es dauerte ein Jahr, bis sich der Papst überwinden konnte, den Kirchenbann aufzuheben und den »Schüler Mohammeds« wieder »zum geliebten Sohn der Kirche« zu machen. Hatte es der Kaiser doch fertig gebracht, sich nach der ersten Nacht in Jerusalem zu erkundigen, warum man den Gebetsruf des Muezzins nicht höre. Kadi Schams ed-Din antwortete, dies sei auf Wunsch des Kalifen unterblieben, der die Ohren eines Christen nicht mit dem mohammedanischen Gebetsruf belästigen wollte. Der Kaiser bestand jedoch auf dem Gebetsruf, denn seinetwegen sollten keine Bräuche geändert werden – eine Toleranz, wie sie einst auch Sultan Saladin gezeigt hatte, die die einzig wahre Kirche aber nicht akzeptierte.

Freilich: was heißt hier Toleranz. Es war Friedrichs Welt, in der er als Kind in Palermo aufgewachsen war. Er sprach arabisch – im Gegensatz zu allen anderen Kreuzfahrern. Er kannte und verstand die Mentalität der Orientalen – im Gegensatz zu den anderen Europäern. Er stand zwischen den Kulturen, Traditionen und Religionen. Daher seine beängstigende Zwitterstellung, seine bewunderte »Modernität«. Er tat Dinge, die fromme Christen schaudern machte: Der Kaiser besah sich Moscheen. Er, der als deutscher Kaiser Kämmerer und Hofleute hatte, die sich als gläubige Mohammedaner beim Gebetsruf zu Boden warfen und in Richtung Mekka beteten, besichtigte den Felsendom und die El-Aksa-Moschee auf dem Tempelberg, ließ sich dort alles erklären.

Wissen von anderen übernehmen und nicht einfach nur überheblich ablehnen, war für den Kaiser selbstverständlich, den ein arabischer Chronist übrigens verwundert als einen »rotblonden, bartlosen und kurzsichtigen Mann« beschrieb, der auf dem Sklavenmarkt »keine zweihundert Drachmen« einhandeln würde. Dafür war der Kaiser der ideale Mittler, der mit friedlichen Mitteln erreichte, was andere vor ihm nur mit dem Schwert erkämpft hatten, wenn überhaupt – den einen ein Gotteslästerer, den anderen ein Reformer.

Die Bedeutung Friedrichs II. liegt daher vor allem in seinem Charakter und seiner Persönlichkeit, die seine Mitwelt ebenso faszinierte wie die Nachwelt. Die damals wichtigen, notwendigen, aber heute lächerlich wirkenden Kämpfe und Querelen zwischen Papst und Kaiser, eingeschlossen die Bannflüche, Absetzungen, Gegenkönige und Zänkereien um Gebiete und Einflüsse, fallen weit hinter den Neuerungen Friedrichs zurück. Er war ein Gesetzgeber, der mit den »Konstitutionen von Melfi« zum ersten Mal den Versuch unternahm, das Zusammenleben der Menschen mit einer einheitlich konzipierten Rechtsordnung zu regeln. Einem Gesetzeswerk, das nicht mehr auf religiösem Naturrecht oder auf göttlichen Geboten beruhte, sondern auf der Vernunft.

Kaiser Friedrich II. war auch der Erste, der schon vor nahezu achthundert Jahren die ersten Umweltgesetze erließ. »Wir sind gesonnen, die durch göttlichen Ratschluss gewahrte Gesundheit der Luft durch unsere eifrige Sorge, soweit wir es vermögen, zu erhalten« verkündete der Kaiser und befahl, »dass keiner in den irgendeiner Stadt oder Burg benachbarten Gewässern in einer Entfernung von einer Meile oder weniger Flachs oder Hanf wässern darf, damit nicht die Beschaffenheit der Luft verdorben wird«. Oder: »Wir verbieten auch den Fischern, Taxus oder ähnliche Kräuter, durch welche Fische getötet werden oder sterben, in die Gewässer zu werfen.«

Es war Friedrich II., der 1224 etwas tat, was keinem seiner kaiserlichen und königlichen Vorgänger auch nur im Traum eingefallen wäre: Er gründete als erster Herrscher eine Universität (in Neapel), und er wäre nicht der Erfinder des Beamtenstaates gewesen, wenn er dabei nicht auch per Erlass das Problem der Studentenbuden und der Bücherausleihe geregelt hätte.

Er, für den »die Würze der Wissenschaft unerläßlich« war und der mindestens ein halbes Dutzend Sprachen konnte, zog Wissenschaftler, Philosophen und Künstler an seinen Hof, gleich, ob sie Orientalen waren oder Abendländer. Wir verdanken es unter anderem dem Stauferkaiser, dass das bei den Arabern längst benutzte Dezimalsystem auch bei uns bekannt wurde.

Der Kaiser fand Zeit, Experimente zu machen, die andere schlicht für »Wahnideen« hielten: zum Beispiel – was heute jede Schulklasse kann – mit Winkel und Grundfläche die Höhe eines Turmes zu berechnen, oder zu testen, ob Ruhe oder Bewegung die Verdauung besser fördert.

Oft war es einfach Neugier. Eine Geschichte muss man einfach erzählen: Da hatte der Kaiser von einem sizilianischen Taucher namens Nikola und seinen Berichten über die Meerestiefen gehört. Nun gab es bei Messina einen gefährlichen Meeresarm, der durch seine heftigen Strömungen und Wirbel bekannt war und in dem es »zuzeiten eines Seesturmes in jener Meerestiefe viele große Fische gab und außerdem«, wie jener Nikola berichtete, »viele Schiffstrümmer lagen«.

Kaiser Friedrich II. wollte es nun genauer wissen und ließ Nikola mehrfach hinabtauchen, um einen möglichst genauen Bericht zu erhalten. Um sicher zu sein, dass ihm Nikola keine Märchen erzählte, und weil er wissen wollte, »ob jener wirklich und wahrhaftig bis zum Grund getaucht von da zurückgekehrt sei oder nicht, warf er seinen goldenen Becher da ins Meer, wo er glaubte, daß es am tiefsten sei. Und jener tauchte hinab, fand ihn und brachte ihn ihm; und es staunte der Kaiser«.

Man kann die Geschichte des Tauchers Nikola auch in Versen erzählen, denn diese »Wahnidee« Friedrichs II.

war die exakte Vorlage zu Friedrich Schillers »Taucher«:

»Der König darob sich verwundert schier / Und spricht: ›Der Becher ist dein, / Und diesen Ring noch bestimm ich dir, / Geschmückt mit dem köstlichsten Edelgestein, / Versuchst du's noch einmal und bringst mir Kunde, / Was du sahst auf des Meeres tiefunterstem Grunde?‹«

Aber der historische Nikola weigerte sich: »Schick mich um keinen Preis wieder dorthin, weil das Meer in der Tiefe so aufgeregt ist, daß, wenn Ihr mich hinschickt, ich niemals zurückkehren werde.«

Oder bei Schiller: »Da unten aber ist fürchterlich, / Und der Mensch versuche die Götter nicht / Und begehre nimmer und nimmer zu schauen, / Was sie gnädig bedeckten mit Nacht und Grauen.«

Denn, so Schillers berühmter lautmalender Vers: »Und es wallet und siedet und brauset und zischt, / Wie wenn Wasser mit Feuer sich mengt.« Aber Nikola tauchte doch wieder hinab, und wie im Schiller'schen »Taucher«, geschieht, was geschehen muss: »Es kommen, es kommen die Wasser all, / Sie rauschen herauf, sie rauschen nieder, / Den Jüngling bringt keines wieder.«

Doch nicht nur mit seinen Experimenten wurde Kaiser Friedrich II. zum Begründer der modernen Erfahrungswissenschaft. Fast dreißig Jahre schrieb er, wenn auch »häufig durch dringende und fast unentwirrbare Geschäfte gehindert, die die Lenkung des Reiches und der Länder mit sich brachte«, an einer Ornithologie, die er schließlich gegen Ende seines Lebens auf Drängen seines Lieblingssohnes Manfred hin herausgab.

Es ist das berühmte, heute noch lesbare (und für teures Geld auch als Faksimile zu erstehende) Buch »Über die Kunst mit Vögeln zu jagen«, das seinerzeit nicht nur eine Anzahl bereits vorhandener Werke über die Falkenjagd ersetzte. Das Bahnbrechende bei seinen Abhandlungen über ornithologische Fragen war sein theoretischer Ansatz, nämlich »das, was ist, so sichtbar zu machen, wie es ist« (manifestare ea quae sunt sicut sunt). Es ist die

Kaiser Friedrich II., Abbildung aus seinem berühmten Falkenbuch

klassische Definition des schon damals nicht immer geschätzten oder befolgten Wunsches, Dinge objektiv darzustellen.

Der Rest dieses bemerkenswerten Lebens ist schnell erzählt. Auf den Höhepunkt seiner Macht, gekennzeichnet durch die Niederwerfung des Aufstandes seines eigenen Sohnes Heinrich im Jahr 1235, der Heirat mit Isabella von England und der Versöhnung mit den Welfen, folgte wieder jahrzehntelanger Krieg und Kleinkrieg zwischen Papst und Kaiser. Selbst vor Giftanschlägen schreckte man nicht zurück. Der Papst setzte wieder mal den Kaiser ab und Gegenkönige wurden aufgestellt.

Noch einmal schien es so, als ob Kaiser Friedrich II. hätte triumphieren können. König Ludwig IX. von Frankreich hatte im August 1248 einen Kreuzzug angetreten, war aber von den Mohammedanern gefangen genommen worden und nur gegen ein ungeheures Lösegeld freigekommen. Das, so fanden die Kreuzfahrer, wäre wohl nicht passiert, wenn Kaiser Friedrich hätte zu Hilfe kommen können, statt sich mit dem Papst herumstreiten zu müssen. Die Stimmung schlug gegen den Papst um und König Ludwig IX. verlangte, er solle sich mit dem Kaiser aussöhnen. Daraufhin bat Innozenz IV. England um Asyl, wurde aber abgewiesen.

Eine gemeinsame Front der Könige gegen den Papst schien in greifbare Nähe gerückt, denn auch der byzantinische Kaiser hatte Truppen geschickt, um gegen Innozenz vorzugehen. Schon träumte der Kaiser »gestählt von des Himmels Voraussicht« von einem »Imperium in friedlicher Ordnung«, das den Glanz der alten Kaiserherrlichkeit wieder sichtbar machen könnte. Schon plante er, nun endlich über Lyon nach Deutschland zu ziehen. Da erkrankte Friedrich im November auf einem Jagdausritt plötzlich an einer fiebrigen Darminfektion, so dass man ihn in die nächstbeste Burg schaffen musste. Es war, wenige Kilometer von Lucera entfernt, das Kastell Fiorentino.

Als er spürte, dass es zu Ende ging, diktierte er sein Testament und setzte seinen 22-jährigen Sohn Konrad als Nachfolger ein. Falls dieser jedoch ohne Söhne sterben sollte, waren Heinrich, sein zwölfjähriger Sohn aus der Ehe mit Isabella von England, und schließlich Manfred, sein illegitimer Lieblingssohn, die Nächsten in der Reihenfolge.

Am Abend des 12. Dezember schien es Friedrich II. noch einmal besser zu gehen, und sein Arzt gab ihm in Zucker gekochte Birnen. Doch am nächsten Morgen ließ sich der Kaiser in die graue Kutte der Zisterzienser kleiden und bat um die Absolution. Der über siebzigjährige Erzbischof Berard spendete dem Kaiser die Sterbesakramente, die ihm der Papst verweigert hatte.

Kurz darauf starb der letzte Stauferkaiser, am 13. Dezember 1250, wenige Tage vor der Vollendung seines sechsundfünfzigsten Lebensjahres. Wie es sein Wunsch war, wurde der Enkel Friedrich Barbarossas im Dom zu Palermo neben seinem Vater, dem Staufer Heinrich VI., seiner normannischen Mutter Konstanze und seiner ersten Frau Konstanze von Aragon in einem roten Porphyrsarg beigesetzt.

Siegel des »letzten Staufers« Herzog Konradin von Schwaben

Konradin, der letzte Staufer

Achtzehn Jahre darauf, am 29. Oktober des Jahres 1268, erwartete der Scharfrichter von Neapel mit bloßen Füßen und aufgestreiften Ärmeln den 16-jährigen Konradin, den letzten Hohenstaufen, am Schafott neben der Karmeliterkirche.

In der Zwischenzeit war der Kampf der Päpste gegen die Staufer unvermindert weitergegangen. War ihnen bisher schon jedes Mittel vom Bannfluch über Absetzungen bis hin zu Mordanschlägen recht gewesen, um den Kaiser zu treffen, so setzten sie nun ihren Kampf gegen die Staufer insgesamt und gegen ihr Reich fort. Denn auch als der »Ketzer« und »Antichrist« Friedrich II. tot war, blieben die Staufer im Kirchenbann. Es war eine Feindschaft über den Tod hinaus, ein Kampf um Vorherrschaft und Macht.

Nach dem Tod Kaiser Friedrichs II. konnte der Papst zwar hoffen, dass das Reich durch Rivalitäten der Erben von alleine zerfallen würde. Zumal der Papst schon zu Lebzeiten Friedrichs damit angefangen hatte, Gegenkönige wählen zu lassen und das Reich eigenmächtig abwechselnd der englischen oder norwegischen Krone anzubieten.

Als dann im Jahr 1254 Konrad IV., der rechtmäßige Erbe des Kaisers und der rechtmäßig gewählte deutsche König an Malaria starb, begann in Deutschland, von schwachen Königen und Gegenkönigen regiert, endgültig die »schreckliche, die kaiserlose Zeit« des Interregnums. Eine »Zwischenherrschaft«, die erst 1273 mit der Wahl Rudolfs I. von Habsburg zum König endete.

Aber noch gaben sich die Staufer nicht verloren. Manfred, der Lieblingssohn Friedrichs II. und Halbbruder Konrads IV., ließ sich 1258 zum König von Sizilien krönen. Daraufhin bot der aus Frankreich stammende Papst Urban IV. dasselbe Königreich dem 39-jährigen Karl von Anjou an. Der akzeptierte, wurde mit Sizilien belehnt, zum König gekrönt und zog nun mit einem »Kreuzzugsheer« gegen den »Ketzer« Manfred zu Felde.

Es kam 1266 zur Schlacht von Benevent, Manfred fiel durch Verrat. Doch Karl von Anjou, als hart, machtgierig, asketisch, geizig und frömmlerisch geschildert, gab noch immer keine Ruhe. Er ließ die 24-jährige Helena von Epirus, die Witwe Manfreds, mit ihren vier Kindern aufgreifen, als sie gerade in ihre griechische Heimat fliehen wollte. Sie wurde von ihren Kindern getrennt und hatte noch das gnädigste Schicksal – sie starb nach fünf Jahren im Kerker. Die drei Söhne Manfreds aber wurden in das Jagdschloss ihres Großvaters, Castel del Monte, gebracht, wo sie, in Ketten gelegt, dreißig Jahre zubrachten. Danach verlegte man sie nach Castel dell' Ovo, wo zwei von ihnen, nach vierzig- oder fünfzigjähriger Haft erblindet, verzweifelt starben. Einem gelang die Flucht, aber nach all den entsetzlichen Jahren in Ketten fand er sich in der Freiheit nicht mehr zurecht. Er irrte umher und soll später in Ägypten gestorben sein.

So war Konradin, der Sohn König Konrads, 15 Jahre nach dem Tod Kaiser Friedrichs II. der letzte legitime männliche Erbe. Als er zwei Jahre nach Manfreds Tod über die Alpen gezogen war, um in rührendem Heldenmut das Stauferreich zurückzuerobern, kam es nordöstlich von Rom am Rand der Abruzzen zur Schlacht. Konradin wurde besiegt, irrte zwei Wochen durch Italien und fiel schließlich durch Verrat in die Hände Karls von Anjou. Im folgenden Prozess sollen drei der vier Richter einen Freispruch und nur einer den Tod verlangt haben. Karl von Anjou jedoch befahl die Hinrichtung Konradins.

Und damit sind wir wieder am Schafott in Neapel, wo der Scharfrichter mit bloßen Füßen und aufgestreiften Ärmeln wartet. Das Opfer, das seinen Todesspruch beim Schachspiel in der Zelle erfahren hatte, hörte hier noch einmal das Urteil: »Versammelte Männer! Dieser Konradin, Konrads Sohn, kam aus Deutschland, um als Verführer seines Volkes fremde Staaten zu ernten und mit Unrecht rechtmäßige Herrscher anzugreifen. Dafür wird, mit Erlaubnis der Geistlichen und nach dem Rate der Weisen und Gesetzesverständigen, über ihn und seine Mitschuldigen als Räuber, Empörer, Aufwiegler, Verräter das Todesurteil gesprochen und, damit keine weitere Gefahr entstehe, auch sogleich vor aller Augen vollzogen.«

Gefasst zog das »Königlein, entsprossen aus dem Stamm der giftigen Schlange«, wie ihn der Papst höhnisch genannt hatte, sein Obergewand aus, umarmte die zwölf mit ihm verurteilten Freunde und kniete nieder. »O Mutter, welches Leid bereite ich dir«, sagte er, dann schlug der Scharfrichter dem letzten Hohenstaufer den Kopf ab.

Konradin, der Enkel Kaiser Friedrichs II., der wiederum ein Enkel Kaiser Friedrich Barbarossas war, wurde nicht einmal, wie es einem Christen zustand, in geweihter Erde bestattet, sondern irgendwo am Meeresstrand verscharrt. Ein Chronist will sogar wissen, der letzte Hohenstaufer sei auf einem jüdischen Friedhof begraben worden.

Damit war, noch keine zwanzig Jahre nach dem Tod Kaiser Friedrichs II., die kurze, aber glanzvolle Epoche der Staufer endgültig zu Ende.

Schilde, Wappen und Embleme

Die staufischen Löwen

Man weiß: das Wappen der Staufer zeigt, übereinander gestellt, drei nach links springende Löwen. Was man bis heute nicht weiß: welcher Staufer sich dieses Wappen als Erster zugelegt hat und warum es drei Tiere sind.

Dass es Löwen sind, ist dabei nicht verwunderlich: Löwen und Adler sind seit alters her die am häufigsten verwendeten Herrschersymbole, sie stehen für Macht, Stärke und Gerechtigkeit. Den Löwen führten daher zur Stauferzeit die einen Herrscher im Namen, wie Heinrich der Löwe, andere im Wappen, so die Herren in Thüringen, Bayern, Lothringen oder Braunschweig, um nur einige zu nennen.

Löwen findet man aber auch als Wächter und zur Abwehr böser Dämonen an Kirchenportalen; die Gruft im Dom zu Speyer, in dem salische und staufische Herrscher ruhen, wird von einem steinernen Löwen bewacht. Hier immer gleich von staufischen Löwen zu reden, trifft also daneben.

Den drei übereinander gestapelten Löwen der Staufer begegnen wir zum ersten Mal um 1220, also erst ziemlich spät, auf einem Wachssiegel des Schwabenherzogs Heinrich, dem ältesten Sohn Kaiser Friedrichs II. Da Heinrich zu dieser Zeit gerade erst zehn Jahre alt war, wird er das Wappen wohl kaum selbst erfunden haben. Vielleicht hat Philipp von Schwaben die drei Löwen ja schon vor dem Jahr 1198 in seinem herzoglichen Wappen geführt. Man liest das hie und da.

Wie dem auch sei, das Siegel Heinrichs jedenfalls besteht aus dunklem rotbraunem, mit Tonerde gemischtem Wachs und misst gerade eben 7,3 Zentimeter im Durchmesser. Es zeigt die drei Löwen gleich zweimal. Einmal auf dem Schild eines Reiters und einmal auf dessen Fahne – so, wie wir sie heute noch kennen, beide Male übereinander und die Köpfe nach links.

Um 1265 waren dann auch die Farben festgelegt, wie es der Züricher Kleriker Konrad von Mure in einem lateinischen Gedicht überliefert hat: »Suevorum ducis est gilvus color hunc ira ponis / Ut super hunc nigri pingatur forma Leonis.« (Des Herzogs der Schwaben Farbe ist gelb. Trage sie so auf, dass sich auf ihr die schwarze Löwengestalt abhebt.)

Auch wenn sich der Künstler der Fresken im Kloster Adelberg nicht an die Farben gehalten hat (goldene Löwen auf schwarzem Grund), die Verfassung des Landes Baden-Württemberg hielt sich noch Jahrhunderte später an die Regel und beschloss 1954: »Die Landesfarben sind Schwarz-Gold.« Und: »Das Landeswappen wird durch Gesetz bestimmt.«

Stauferwappen aus der Ulrichskapelle in Adelberg

Am 3. Mai 1954 war es dann so weit. Rund siebenhundert Jahre nach ihrem Aussterben lebten die Staufer im Landeswappen wieder auf, wie schon zuzeiten des Königreichs Württemberg von 1817–1918: »Das Wappen des Landes Baden-Württemberg zeigt im goldenen Schild drei schreitende schwarze Löwen mit roten Zungen. Es wird als großes und kleines Landeswappen geführt.«

Das große Wappen, das links vom schwäbischen Hirsch und rechts vom badischen Greif flankiert wird, dürfen der Landtag, die Landesregierung, der Ministerpräsident, die Ministerien und einige Institutionen wie der Rechnungshof des Landes führen. Es wird oben durch eine Leiste abgeschlossen, die die historischen Wappen von Baden, Württemberg, Hohenzollern, Pfalz, Franken und Vorderösterreich zeigt und damit an die geschichtliche Vielfalt des Südwestens erinnert.

Das kleine Landeswappen, wie es beispielsweise die Polizei auf dem Ärmel trägt und wie es als Zulassungsmarke auf den Nummernschildern unserer Autos klebt, besteht nur aus den drei Löwen und wird oben von einer so genannten »Volkskrone« abgeschlossen. Das ist eine fünffach gezackte Blattkrone, wie sie in den deutschen Ländern nach 1918 als Symbol der Volkssouveränität eingeführt worden war.

Staufische Stätten ganz nah – der Hohenstaufen vom Wäscherschloss aus gesehen

Der bescheidene Anfang

Das Wäscherschlössle

Hier also hat alles angefangen. Vor mir eine weite und geschwungene Landschaft, ruhig, idyllisch und von großer Harmlosigkeit. Da ist nichts Heroisches, nichts Monumentales. Nur ein paar Kilometer entfernt ragt aus Wäldern und Feldern ein sanfter Bergkegel gegen den Himmel.

Hinter mir die steile Mauer einer kleinen Burg – es hat schon etwas Rührendes an sich, dieses Puppenschloss, in dem vor tausend Jahren jener Friedrich gelebt hat. Der Friedrich nämlich, auf den sich das Geschlecht der Staufer zurückführen lässt. Jenes Geschlecht, das einst vom fernen Sizilien bis zur Nordsee, vom Elsass bis zum Harz geherrscht hat.

Von diesem Friedrich wissen wir nicht mehr als seinen Namen. Von seinem Sohn Friedrich von Büren (etwa 1025 bis 1054) immerhin soviel, dass er eine Hildegard von Egisheim aus einem vornehmen elsässischen Grafengeschlecht geheiratet hat. Ihr werden wir später noch einmal begegnen. Sie war übrigens die Urgroßmutter Barbarossas.

Ich stehe im winzigen trapezförmigen Hof, in dem ein pferdebespann-

Ein großes Haus mit trapezförmig ummauertem Vorhof – das Wäscherschloss bei Wäschenbeuren

ter Heuwagen gerade eben den Ziehbrunnen umfahren und wenden kann. Ich sehe auf das gemütliche Wohnhaus gegenüber der Einfahrt, das mit seinem Fachwerk der oberen Stockwerke, den Butzenscheibenfenstern und den hölzernen Fensterläden geradezu wie aus Großvaters Zeiten wirkt. Jeden Moment könnte Rapunzel ihren Zopf heraushängen lassen und am Fensterkreuz festbinden.

Hier ist die Zeit einfach stehen geblieben. Aber das täuscht: sie ist nur wiedergekommen. Die tausend Jahre überdauert haben nur die drei Meter dicken Mauern des Kellers und des Erdgeschosses. Wenn man mit der Hand über die Buckelsteinquader streift und ein, zwei Finger in die Zangenlöcher steckt, in die einst die Zwingen zum Hochziehen der Quadersteine eingesetzt wurden, dann ist

Kaminzimmer im Wäscherschloss.
Ein »ritterliches« Ambiente aus vielen Jahrhunderten

man in staufischer Zeit. Alles andere ist zwar auch noch schieres Mittelalter, aber eben nur ein paar hundert Jahre alt.

In der zehn Meter hohen Hofmauer, an einer Stelle knapp über dem Boden, ist noch ein Ausguss zu erkennen: Hier befand sich die Küche mit Feuerstelle und Rinnstein, um das Geschirr zu spülen. In der Wand gegenüber, hoch in der Luft, sitzt eine Art Fensternische. Aber kein Fenster dazu und der Kenner ahnt: Das war der Abort.

Nebenan am Haus sieht man in dieser Höhe eine Tür, zu der keine Treppe hinaufführt. Das war einmal, wie bei einem Bergfried, der einzige Zugang zum Schlösschen; die Türen zu ebener Erde sind aus späterer Zeit. In der Hofmauer lassen sich rundum Balkenlöcher in Kopfhöhe ausmachen. Unter der Balkendecke, die man sich jetzt vorstellen muss, befanden sich einst die Ställe und darüber die Schlafräume für die Knechte.

Das alles ist längst vorbei. Heute ist im Schlösschen, das die Bauernaufstände überstand und bis 1850 genutzt und bewohnt wurde, ein kleines Museum untergebracht. Es gibt von allem etwas: ein bisschen Staufer, ein bisschen Bauerngerät, ein bisschen Folklore.

Der kleine, gemütliche Rittersaal mit seinem Kamin, seinen Spießen, Stangen, Schwertern und Kettenhemden ist nur noch blasse Erinnerung an die Herren von Büren, die die Burg einst erbauten. Und an den Ritter Konrad von Staufen, genannt »Wascher«, der 1271 als Besitzer der Burg erwähnt wird und ihr den Namen gab.

Von der eigentlichen Stammburg der Staufer sind nurmehr Mauerreste übrig.

Das Stammschloss nebenan

Die Burg Hohenstaufen

Die Geschichte mit den Staufern setzt sich praktischerweise auf ebenjenem Bergkegel fort, den man vom Wäscherschloss aus sehen kann und dessen Form ihm auch den Namen gegeben hat. Der Berg gleicht in seiner kreisrunden, sich nach oben verjüngenden Form einem umgestülpten Becher. Deshalb nannte man ihn früher nach dem germanischen Wort für Becher, »staupa«, den Staufen.

Es ist der Berg, nach dem das Geschlecht seinen Namen bekommen hat, der Hohenstaufen. Neben dem Rechberg und dem Stuifen, einer der drei so genannten »Kaiserberge« am Rand der Ostalb.

Es liegt also nahe, den zeitlichen Geschichtsablauf ins räumliche zu übersetzen und vom Wäscherschloss aus direkt zum Hohenstaufen hinüberzufahren. Dazu biegt man am Ende des kleinen Zufahrtssträßchens zum Wäscherschloss nach links in Richtung Maitis ab, achtet dort auf das Schild »Hohenstaufen«, biegt wieder rechts ab und landet nach kurvenreicher Fahrt im Ort Hohenstaufen, der auf halber Höhe des Burgberges liegt. Dort fahren wir bis in die Ortsmitte, das heißt an die Stelle, wo die Hauptstraße Richtung Göppingen wieder bergab führt, parken linker Hand und gehen die steile Straße, die zur Barbarossakirche führt, bergauf. Von dort sind es noch, weniger steil, zehn bis fünfzehn Minuten Fußweg bis zum Gipfel.

Oben hat man dann an klaren Tagen einen weiten Rundblick entlang des Traufs der Schwäbischen Alb über das ferne Stuttgart bis hinüber zum Schwarzwald – aber das ist auch fast schon alles. Von der »hochherrschaftlichen« Burg ist bis auf ein paar mühselig freigelegte Grundmauern nichts mehr übrig.

Dafür haben im Jahr 1525 als Erste die aufständischen Bauern gesorgt, die die Burg niederbrannten. Das geschah am 28. April, einem Samstag, als an die 300 Bauern unter ihrem Anführer Jörg Bader aus Böblingen vor die Burg Hohenstaufen zogen und die bis zu zweieinhalb Meter dicken Mauern im zweiten Ansturm überwanden. Die Ruinen wurden dann ein Menschenalter später abgetragen und für den Bau des Göppinger Schlosses verwendet. Die letzten Reste verschwanden noch einmal zweihundert Jahre später, als man die Idee hatte, da oben eine neue Landesfestung zu bauen – eine Idee, aus der aber nichts wurde. So steht man heute auf einer kahlen, wenn auch busch- und baumbewachsenen Fläche und kann über den Spruch der alten Lateiner sinnieren: Sic transit gloria mundi – so vergeht der Ruhm der Welt. Der Hohenstaufen, der einst einem Kaisergeschlecht Wohnstatt war und einer ganzen Epoche den Namen gab, ist nur noch ein Aussichtspunkt.

Die kläglichen Mauerreste wurden 1967–71 gesichert. Im Vordergrund sieht man die Abdeckung des Brunnenschachts.

Angefangen hatte es im Jahr 1079, als Friedrich, der Sohn des Wäscherschloss-Herren Friedrich von Büren, Herzog von Schwaben wurde. Dieser Herzog Friedrich I. von Schwaben war durch Kaiser Heinrich IV. unversehens

Fresko aus dem Jahr 1470 in der Göppinger Oberhofenkirche. Rechts oben findet sich die früheste Abbildung der Burg Hohenstaufen.

zu Amt, Würden und Frau gekommen, nachdem er im Gegensatz zu anderen treu zum Kaiser gehalten und ihn sogar im Jahr 1077 auf seinem sprichwörtlich schweren Gang nach Canossa begleitet hatte.

Herzog Friedrich musste sich daraufhin nach einer standesgemäßen Bleibe umsehen und siehe da: der Berg war schnell gefunden. Es fehlte nur noch die Burg. Wie diese staufische Stammburg ausgesehen haben könnte, wusste man bis zum Jahr 1938 nicht. Zufällig kam bei Restaurierungsarbeiten in der Göppinger Oberhofenkirche ein bisher übertünchtes Fresko zu Tage, das eindeutig den Hohenstaufen aus der Zeit um 1470 darstellte. Auch wenn der Bergkegel viel zu steil geraten ist – der Bergfried mit dem aufgesetzten Fachwerk und die Anlage der Zinnenmauer rundum entsprechen späteren Abbildungen und Grabungen.

Danach standen auf einer Fläche von rund 50 Ar Bergfried und Kapelle im Süden, das palas-ähnliche Wohngebäude im Norden, die heute noch begehbare Zisterne sowie die Gesinde- und Vorratsbauten im Osten – aber was sagt einem das schon. Um etwas für's Auge zu haben, hat man daher von 1967 bis 1971 die mehr als dreißig Jahre zuvor ausgegrabenen Reste wenigstens etwas hochgemauert und gesichert.

Und nun kann man sicher sein, die Spuren Kaiser Friedrichs I. an der richtigen Stelle zu kreuzen, wenn man am Burgaufgang und vor dem Palas hin- und herläuft. Barbarossa was here: 1154, 1181 und 1188, wenn man den alten Berichten trauen darf. Für das Jahr 1181 zumindest darf man's: Da hat Barbarossa auf der Burg Hohenstaufen die Privilegien des Klosters Adelberg feierlich auf einem Dokument bestätigt.

Die Fassade der Barbarossakirche in Göppingen-Hohenstaufen stammt aus dem 19. Jahrhundert. Sie zeigt die Wappen der zum Staufereich zählenden Gebiete und Städte sowie ein Adlermedaillon mit den staufischen Herrschernamen.

Wo Kaiser Rotbart lobesam

Die Barbarossakirche

Nachdem einen gerade eben noch auf dem Hohenstaufen der Atem der Geschichte angeweht hat, tut es gut, da oben im Kiosk noch einen Schluck zu trinken, um dann unten im Ort die am Weg liegende Barbarossakirche zu besichtigen. Es ist die zu einer Staufergedächtnisstätte entfremdete, viele Jahrhunderte alte Dorfkirche, die zu Beginn des 19. Jahrhunderts vom hier gegründeten Hohenstaufenverein wiederhergestellt, zu einem Stauferdenkmal ausgebaut und in Barbarossakirche umbenannt wurde.

Und so sieht man denn im Glasfenster des Altarraums nicht den Auferstandenen oder einen Heiligen abgebildet, sondern da leuchtet Friedrich Barbarossa mit Krone, Schwert und Reichsapfel – ein Fenster, das von der »Turnerschaft Hohenstaufia« in Tübingen gestiftet und nach 1933 eingebaut wurde.

Dieser gläserne Barbarossa ersetzte ein Wandgemälde, das der Kirche ursprünglich den Namen gegeben hatte und das der damalige Dorfpfarrer schon im Jahr 1723 im Innern der Kirche über einem Seiteneingang hatte anbringen lassen. Von diesem Kunstwerk ist glücklicherweise nichts weiter übrig als der Text über der Tür. »Hic transibat Caesar« – »Hier ging der Kaiser« – gemeint ist Barbarossa – »hindurch«.

In einer Nachzeichnung kann man das verschwundene Kunstwerk allerdings noch bewundern, auf dem Barbarossa aussieht wie Robinson Crusoe in Ritterrüstung und mit einer Krone in Form einer Zitronenpresse auf dem Kopf. Dazu das herrliche Gedicht: »Der großmütigste Kaiser wohlbekannt / Friedericus Barbarossa genannt; / das demütig edel deutsche Blut / übt ganz und gar keinen Übermut; / auf diesem Berg hat Hof gehalten / wie vor und nach ihm die Alten; / zu Fuß in diese Kirch ist gegangen / ohn allen Pracht, ohn Stolz und Prangen / durch diese Tür, wie ich bericht, / ist wahrlich wahr und kein Gedicht.«

Das ist eine gute Einstimmung auf die Stauferverehrung im 19. Jahrhundert, die unter Kaiser Wilhelm I. nach dem Krieg 1870/71 und der deutschen Einigung einsetzte und die man in einer Reihe von Dokumenten und

Der König mit der »Zitronenpressenkrone«. Das Barbarossa-Wandgemälde aus dem Jahr 1723

Bildern in dem modernen kleinen Ausstellungsgebäude unterhalb der Barbarossakirche studieren kann.

Ähnlich dem Kyffhäuser propagierte man zum Beispiel 1889 als »Wahrzeichen deutscher Einheit, deutscher Treue« die Schreckensvision eines pompösen Nationaldenkmals auf dem

Hohenstaufen. Diese hehre Idee scheiterte zum Glück daran, dass nicht genug Geld zusammenkam. Der gesammelte Betrag freilich wurde für gute Zwecke verwendet: Die Barbarossakirche und der Albverein bekamen ihren Teil und der Rest kam dem Bau eines Göppinger Hallenbades zugute. Es beben die Berge, lästerten schon die alten Lateiner, und geboren wird eine lächerliche kleine Maus – »parturiunt montes, nascetur ridiculus mus«.

Ähnlich wie das Wäscherschlösschen zeigt die Ausstellung außerdem auch eine bebilderte Geschichte der Staufer, ihrer Schlösser und Bauten. Wobei vor allem die großartigen Schöpfungen Friedrichs II. in Italien beeindrucken, die ja genauso ins Bild der staufischen Kunst gehören wie die Reste und Spuren, die die Staufer im deutschen Raum hinterlassen haben. Und das ist gut so, denn nirgendwo anders auf unserer Stauferreise findet sich so bequem und übersichtlich eine ähnliche Ausstellung, die einem die Staufer und ihre Geschichte nahe bringt.

Hätten sich jene wackeren Männer durchgesetzt, die im Jahr 1969 zur Belebung des Tourismus eine Liftanlage zwischen dem Dorf Hohenstaufen und dem Ottenbacher Tal bauen wollten, könnten wir jetzt, satt an Eindrücken, bequem zu Tal schaukeln. So aber müssen wir selber und mit dem eigenen Wagen zur nächsten Station unserer Pilgerschaft auf den Spuren der Staufer fahren.

Es wäre nun logisch und läge nicht nur räumlich nahe, vom Hohenstaufen zum Rechberg weiterzufahren, dem nächsten Kaiserberg gleich nebenan. Bevor wir das tun, möchte ich aus einem bestimmten Grund aber erst vom Kloster Lorch und der Stadt Schwäbisch Gmünd erzählen.

Durch diese Türe trat er ein. »Kaiserpforte« in der Barbarossakirche

Turm und Querschiff der ehemaligen Benediktinerabtei Lorch

Das Memorial der Staufer

Kloster Lorch

Von der Burg Hohenstaufen ist noch die traurige Geschichte der byzantinischen Kaisertochter Irene nachzutragen, der schönen Frau des Stauferkönigs Philipp von Schwaben, die Walther von der Vogelweide »Rose ohne Dornen, eine Taube ohne Galle« genannt hatte.

Als Irenes hoher Gebieter und Gemahl im Juni des Jahres 1208 in Bamberg ermordet wurde, war sie zum Hohenstaufen geflüchtet, um hier die Geburt ihres Kindes abzuwarten. Hier starb sie am 27./28. August 1208 im Kindbett, und zusammen mit dem Kind fand sie im Kloster Lorch ihr Grab, nicht weit von Wäscherschloss und Hohenstaufen entfernt.

Warum im kleinen, unbekannten Kloster Lorch im schwäbischen Remstal und nicht in der kaiserlichen Grablege zu Speyer? Ganz einfach: Als die schwäbischen Kleinadligen zu Herzögen von Schwaben geworden und standesgemäß aus dem Wäscherschlösschen in die neue Burg auf dem Staufen umgezogen waren, stand in Lorch die alte befestigte Anlage leer, die die Vorfahren am Limes neben dem alten Römerkastell errichtet hatten. In dieser alten Wehranlage gründete Friedrich von Staufen ein Männerkloster, besetzte es mit Reform-Benediktinern Hirsauer Prägung, baute eine Kirche und nutzte sie als Grablege der Staufer. Das war um 1100, also etwa hundert Jahre vor dem Tod der Prinzessin.

Im Mittelgang der Klosterkirche befindet sich der große Sarkophag, in dem die Überreste der in Lorch bestatteten Staufer ruhen.

Als Grablege der Staufer präsentiert sich die Kirche auch heute. Mitten im Kirchenschiff der flach gedeckten Pfeilerbasilika stehend, den Blick auf den erhöhten Chor gerichtet, be-

Das Hauptschiff der Lorcher Klosterkirche mit der Grabtumba und den Herrscherabbildungen auf den Pfeilern

findet sich vor einem eine Tumba – ein sarkophagartiges Grabmal –, in die im 15. Jahrhundert die Toten umgebettet wurden.

Die mächtige Deckplatte zeigt das schwäbische Herzogswappen mit den drei schreitenden Löwen, das von zwei Engeln gehalten und von den Schwingen eines Adlers bekrönt wird. An den vier Seiten steht umlaufend eingemeißelt: »Anno MCII wart diß closter gestift / Hie lit begraben herzog fridrich von swaben / Er und sin kind dieß closters stiffter sind / Sin nachkimling ligent och hie by / Got in allen gnadig sy. / Gemacht im 1475 jar in gloriam deo.«

Auf den acht Pfeilern des Kirchenschiffes sind die Staufer – wahrscheinlich um 1530 herum gemalt – dann abgebildet: Der Stifter des Klosters, Friedrich »der Alte« († 1105) mit seiner Frau Agnes, Barbarossas Vater Friedrich der Einäugige († 1147), Friedrich Barbarossa († 1190) selbst, Barbarossas Sohn Heinrich VI. († 1197), Barbarossas Enkel Kaiser Friedrich II. († 1250), dessen Sohn Konrad IV. († 1254), Konradin, der letzte Staufer († 1268), König Philipp von Schwaben und seine Frau Irene († 1208).

Doch halt! Nicht einer der staufischen Könige und Kaiser ist hier tatsächlich beigesetzt.

Der Leichnam Barbarossas wird von seinen Gefolgsleuten aus dem Fluss Saleph geborgen. Auschnitt aus dem Rundgemälde im Kloster Lorch.

Herzog Friedrich II. der Einäugige ist im elsässischen Sankt Walburg begraben, wie wohl auch seine Frau, also Barbarossas Mutter Judith. Barbarossas Leichnam wurde gleich an mehreren Stellen beigesetzt, nur nicht in Lorch: das Herz und die Eingeweide in Tarsus, das Bindegewebe in Antiochia, die Gebeine in Tyrus – gefunden hat man freilich keines dieser Grabmäler. Kein Wunder, denn Barbarossa sitzt ja bekanntlich auch im Kyffhäuser, ist gar nicht gestorben, sondern nur entrückt.

Heinrich VI. liegt in Palermo; das Herz Friedrich II. ist in Foggia bestattet, der Leichnam in Palermo. König Philipp von Schwaben, in Bamberg ermordet, wurde auch dort begraben und später nach Speyer überführt. Nur Irene, die schöne griechische Kaisertochter ist zusammen mit ein paar staufischen Adligen aus dem Schwäbischen (vermutlich auch der dreizehnjährige Heinrich, Sohn und Mitkönig Konrads III.) hier in Lorch beigesetzt. Der Stuttgarter Dichter und Hofprediger Karl Gerok dichtete um 1775 in seinem Singspiel »Irene von Hohenstauffen«: »Einst mit Deiner Wiege Flören / Spielte Hellas' goldne Luft / Unter Schwabens finstren Föhren / Wölbt sich Deine frühe Gruft.«

Wem das nicht genügt, die stille Kirche, der Sarkophag und die naiven

Gemälde an den Pfeilern, der kann seit dem Frühjahr des Jahres 2002 im Kapitelsaal des alten Klosters die Geschichte der Staufer auch in einem Kolossalgemälde des Lorcher Malers Hans Kloss studieren.

In einem 30 Meter langen und viereinhalb Meter hohen Rundgemälde wird die staufische Geschichte von 1102 – der Gründung des Klosters – bis 1268 – der Hinrichtung des letzten Staufers – auf das Üppigste dargestellt: 1200 Menschen und 500 Tiere sind auf dem Riesengemälde abgebildet, das, wie eine erste Beurteilung erklärte, von einer »extremen und kompromisslosen Farbigkeit« ist, »die sich vor dem Wort ›bunt‹ nicht scheut«. Dabei ist das Wort »bunt« noch zu schwach. Der beherrschende und bleibende Eindruck ist ein grelles Farbspektakel. Und das alles gerade recht zum 900. Geburtstag des Klosters.

Draußen, vor Kirche und Kapitelsaal, geht es weder so düster zu wie im Gedicht mit den finstern Föhren, noch so dramatisch bunt wie auf dem Gemälde. In der Gartenanlage des Klosters sitzen, schwätzen und ergehen sich die Bewohner des dortigen Altenheims. Schafe und ein Esel repräsentieren das ländliche Element. Und von einem »Luginsland« aus sieht man hinunter ins Tal auf den Ort Lorch, wo einst Friedrich Schiller eine Zeit lang als Kind gewohnt hat.

Nach links zieht sich das Remstal gen Schwäbisch Gmünd hinüber: unser nächstes Ziel und nur wenige Kilometer entfernt.

Kloster Lorch im Remstal

Die asymmetrische Westfassade der Johanniskirche in Schwäbisch Gmünd

Die fromme Stiftung

Schwäbisch Gmünd

Glaubt man der Sage, dann verdanken Schwäbisch Gmünd und die Kapelle Sankt Johannis ihr Entstehen der Schusseligkeit der Kaisertochter Agnes. Als Gemahlin Friedrichs I. von Staufen – wir erinnern uns: Kaiser Heinrich IV. hatte sie ihm zur Frau gegeben – ritt sie eines Tages durch die Wälder und verlor dabei ihren Ehering. Wie damals üblich, versprach sie, an jener Stelle eine Kapelle zu bauen, wo man den Ring wiederfände.

So entstand um 1100 der Vorgängerbau der heutigen Basilika Sankt Johannis und mit ihm vermutlich die Siedlung »Gamundia« darum herum, die knapp 150 Jahre später doppelt so reich war wie Ulm und ebensoviel Reichssteuer zahlte wie Colmar. Nämlich 160 Mark Silber, nicht gerechnet die zwölf Mark Silber, die die Juden Schwäbisch Gmünds zu zahlen hatten.

Just in dieser Zeit zwischen 1210 und 1240 riss man die alte Kapelle ab und baute an ihre Stelle den doppelt so großen jetzigen Bau von Sankt Johannis, der bis 1297 dem Patronat des Klosters Lorch unterstand.

Streuplastiken an der Gmünder Johanniskirche

Eine seltsame Welt steinerner Wesen

Da steht man dann heute und staunt angesichts dieses ehrwürdigen Baus. Da stimmt ja nichts! Das Hauptportal ist auf fatale Weise aus der Mittelachse gerutscht, der Eingangstür zum rechten Seitenschiff fehlt auf der linken Seite die Entsprechung. Statt einer Tür sind da nur ein, zwei schießschartenartige romanische Fenster, so dass die Westfassade, die Schauseite der Kirche also, aus keinem ersichtlichen Grund völlig asymmetrisch ist.

Genauso die Plastiken. Ohne jedes erkennbare System, ohne Programm oder Idee sind Tiere, Menschen, Dämonen, Teufel und sonstige Figuren als Streuplastik über die Mauerflächen verteilt. Über dem Südportal zum Beispiel gibt es zwei Löwen, die einen mit einer riesigen Schere abgeschnittenen Kopf bewachen.

Drinnen ist es nicht anders. Die Seitenschiffe sind verschieden breit, das Kirchenschiff selbst ist schief und wird nach der Westseite zu um anderthalb Meter schmaler. Selbst der außen am Chor angefügte Turm steht nicht genau rechtwinklig zur Kirche.

Nur der Chor ist, vom Marktplatz aus gesehen, genau so, wie er sein sollte und wie man's erwartet: perfekt romanisch, klar, harmonisch und regelmäßig. Des Rätsels Lösung: Er stammt vom Restaurator, der ihn um 1880 anstelle des gotischen Chors hingesetzt hat. Da kann man freilich auch gleich nach Faurndau oder ins ostwürttembergische Brenz fahren und sich das Original ansehen.

Aber auch wenn hier auf kuriose Weise alles schief und abstrus ist – genau das ist es, was die Kirche Sankt Johannis so anziehend und kunsthistorisch wichtig macht, so dass man sich lange und immer wieder mit ihr beschäftigen kann. Denn was man hier sieht, ist die Welt vor tausend Jahren, wie sie wohl wirklich war. Und nicht in der perfekten und überhöhten Form, wie wir sie von den gleichzeitig entstandenen Domen von Speyer und Worms zu kennen glauben.

Hier sind die Plastiken bäurisch, primitiv, und man fragt sich: konnten sie nicht besser oder wollten sie nicht? Hier sieht man Angstträume statt Erlösung, Abwehrzauber statt Erlöser. Nicht Heilige sind über dem Hauptportal abgebildet, sondern ein Jäger, der dem Wild nachstellt. Nicht Engel bewachen die Türen, sondern kentaurenartige Drachen schießen mit Pfeilen, während unheimliche Gestalten und Tiere auf Fenstersimsen hocken oder aus den Mauern wachsen.

Ist das also die Welt der Staufer? Ist das der Glaube, mit dem man die Kreuzzüge unternahm? Sind das die Gefühle, die Ängste, mit denen die Menschen vor tausend Jahren lebten? Sodass sie sich auch im Alltag lieber hinter Stadtmauern und in Burgen zurückzogen? – Auf was lasse ich mich hier eigentlich ein?

Für uns Heutige noch einige Hinweise: Wenn man die Kirche betreten will, muss man einen Obolus entrichten. Sie ist normalerweise bis 16 Uhr geöffnet.

Dafür sind die Seitenschiffe im Innern zu einem kleinen Museum umgestaltet. Auf der einen Seite befinden sich die Originalplastiken von Sankt Johannis, die draußen durch Repliken ersetzt sind; auf der anderen die ursprünglichen gotischen Wasserspeier des benachbarten Heilig-Kreuz-Münsters, das man übrigens ebenfalls, sozusagen als Kontrastprogramm, besichtigen sollte. Davor, dazwischen und danach bieten sich die Straßencafés zum bloßen Genießen und Ausruhen sowie das gesamte Städtchen zum Stadtbummeln an.

Original und Nachbildung des 19. Jahrhunderts einträchtig vereint: alt-romanischer Turm und neu-romanischer Chor

Rittersmann und Bürger

Von der Burg zur Stadt

Auch wenn man schon von Barbarossas Vater, dem Schwabenherzog Friedrich II., um 1100 erzählte, er schleppe »am Schwanz seines Pferdes stets eine Burg hinter sich her«, stand die Zeit der Burgen damals noch ganz am Anfang. Hundert Jahre später gab es in Deutschland dann immerhin schon an die zehntausend Ritterburgen.

Diese Zunahme, zusammen mit einem sprunghaften Anstieg der Städtegründungen, hatte mehrere Ursachen, die sich allesamt mit den Begriffen einer gesellschaftlichen Neuordnung und Umschichtung zusammenfassen lassen. Mit der Veränderung der Besitzverhältnisse änderten sich auch die politischen Machtstrukturen, die neue Stände und ein neues Bewusstsein hervorbrachten.

Grundlage der mittelalterlichen Herrschaft war vor allem der Besitz an Grund und Boden mit den damit verbundenen Rechten. Diesen Grund und Boden vergab der König mitsamt den leibeigenen Bauern als Königsgut an den Adel, um ihn in einem persönlichen Treueverhältnis an sich zu binden. Auf dieser Vergabe von Lehen (lateinisch: feudum), die wieder an einen Leh(ens)mann unterverliehen werden konnten, beruhte das mittelalterliche Herrschaftsgefüge des so genannten »Feudalismus« – eine, wie Karl Marx behauptete, historisch »notwendige sozioökonomische Formation« der Entwicklung der Menschheit zwischen Sklavenhaltergesellschaft und Kapitalismus.

War das an Untergebene erteilte Lehen ursprünglich jederzeit zurückforderbar gewesen, wurde es mit der Zeit erblich, so dass sich die höher gestellten Lehensmänner wie Fürsten, Grafen und Herzöge auf nunmehr eigenem Territorium etablierten. Sie ließen sich nun durch ihre Unterlehensmänner, den Kleinadel oder die Bauern, repräsentative Stammsitze errichten.

Gleichzeitig mit dieser Entwicklung zur erblichen Territorialherrschaft übernahmen die Lehensherren von ihren dienstbaren untergebenen Reitmannen einen Begriff, der zum Synonym für das Mittelalter überhaupt wurde: Sie wurden »Ritter«.

So kam es, dass es um das Jahr 1200 in Deutschland schon an die 10 000 Ritterburgen gab. Da diese vor allem auf Verteidigung bedachten Burganlagen aber mehr Menschen brauchten, als sie in ihren beengten Mauern beherbergen konnten, entstanden unterhalb des Burgberges oder vor dem Burgtor so genannte »Unterburgen« für die Untertanen. Diese wiederum fanden als Gegenleistung der Herren in Notzeiten Schutz in der Befestigungsanlage.

Aus den Bewohnern der Unterburgen wurden, im Unterschied zu den

Bauern auf dem flachen Land, die »Bürger«, die nun als Städter bald ein eigenes Bewusstsein zu entwickeln begannen. Die der Burg nachgeahmte Ummauerung der Siedlung wurde nun zum Kennzeichen der Stadt – auch da, wo anstelle der Burg ein Bischofssitz, ein Kloster oder ein ländliches Anwesen des Lehensherren Anlass der Städtegründung war. So leitet sich aus der ländlichen »Villa«, dem Herrenhof, das französische Wort »ville« für Stadt und der deutsche Begriff »Weiler« ab.

Wie die Zahl der Burgen nahm so auch die Zahl der Städte schlagartig zu. »Städte gründen war unter den dazu Berechtigten in der Stauferzeit wie ein ansteckendes Fieber« schrieb der Historiker Erich Maschke.

Von entscheidender Bedeutung für die rasche Entwicklung der Städte waren dabei zwei Dinge:

Zum einen: Im 11. Jahrhundert war es, möglicherweise klimatisch bedingt, zu einem Bevölkerungsüberschuss gekommen, der bis zur großen Pest Mitte des 14. Jahrhunderts anhielt. Dieser Überschuss war wohl auch einer der – nicht religiös motivierten – Gründe für die Kreuzzugsbewegung, der ersten Expansion des Abendlandes in ferne Gegenden. Die Menschenmassen fanden auch auf dem Land kein Auskommen mehr, während die Stadt in Handel und Gewerbe Zukunftschancen bot und gleichzeitig die Befreiung von der Leibeigenschaft bewirkte. »Stadtluft macht frei« hieß es nicht umsonst.

Zum anderen: Gleichzeitig kam es, nicht zuletzt durch den zunehmenden Handel, zur allmählichen Ablösung der Naturalwirtschaft durch die Geldwirtschaft. Man konnte in Städten also Geld machen. Damit vollzog sich in Deutschland eine Entwicklung, die in der Lombardei längst Wirklichkeit geworden war. Die reichen Stadtstaaten wie Venedig, Genua oder Mailand machten längst Geschichte, als die Staufer überhaupt erst Ortschaften wie Bopfingen, Breisach, Esslingen, Gmünd, Giengen, Göppingen, Heilbronn, Nördlingen, Überlingen, Ravensburg, Reutlingen, Regensburg oder Ulm die Stadtrechte verliehen oder bestehende Rechte erweiterten.

Fleißige Leute haben ausgerechnet, dass es auf diese Weise am Ende der Stauferzeit im Badischen bereits 34,6 Prozent und in Württemberg 26,7 Prozent der heute existierenden Städte gab.

Freilich: was damals als Stadt galt, wäre heutzutage kaum ein Vorort. Noch Ende des 15. Jahrhunderts hatten die meisten der etwa 3000 deutschen Städte weniger als 5000 Menschen innerhalb ihrer Mauern. Großstädte waren zum Beispiel Augsburg und Ulm, die schon über 10 000 Einwohner zählten, und erst recht Nürnberg, Straßburg, Lübeck oder Breslau mit ihren 25 000 bis 30 000 Bewohnern. Köln, die größte deutsche Stadt, hatte zu jener Zeit etwa 35 000 Bürger.

Mit ihren rund 6000 Einwohnern galten Nördlingen und Esslingen daher bereits als veritable Städte, während Rottweil mit 4000 immerhin schon über dem Durchschnitt lag. Schließlich war Füssen mit weniger als 1000 Bürgern auch schon Stadt.

Die zwei »Kaiserberge« Rechberg mit der Burgruine Hohenrechberg und der Hohenstaufen

Wo der Minnesänger spukt

Die Burg Hohenrechberg

Es war die schöne Irene, derentwegen wir vom Hohenstaufen nach Lorch gekommen sind, und es war die Kaisertochter Agnes, die uns dann nach Schwäbisch Gmünd geführt hat. Um nun wieder in Sichtweite des Hohenstaufen zu kommen und den Kreis zu schließen, brauchen wir von Schwäbisch Gmünd aus nur ein paar Kilometer südwärts zu fahren, um den Rechberg zu erreichen. Es ist der zweite der so genannten »Drei Kaiserberge«, die schon den alten Römern als trigonometrische Punkte zur Lagebestimmung des Limes gedient haben sollen.

Heute ist die Burg Hohenrechberg ein Anziehungspunkt anderer Art: Einmal hat man eine herrliche Rundsicht, zum anderen ist sie geradezu die Paraderuine einer mittelalterlichen Burg. Weiß der Himmel warum, aber im Gegensatz zu allen anderen Burgen rundum ist der Hohenrechberg unbeschadet durch die Bauernkriege und alle folgenden Auseinandersetzungen und Wirren gekommen, bis die Anlage nach 600 Jahren bei einem Wintergewitter am 6. Januar 1865 durch Blitzschlag in Brand geriet und abbrannte. Da war mit Löschen nichts zu machen – das Wasser gefror in den Eimern.

Und so stand man seitdem in den Hallen, den Kemenaten und im Palas, die leeren Fensterhöhlen neben sich und über sich den Himmel. Eine ganze Burg ohne Dach, eine romantische Ruine voll Elegie, die die Phantasie auf ihre Weise anrühren konnte.

Der trutzige Torbau der Burg Hohenrechberg

Sicherungsmaßnahmen und Schutz vor weiterem Verfall haben seit einiger Zeit leider die Romantik ruiniert. Da wurden Decken eingezogen, um die kahlen Wände gegen den wasserspeienden Himmel abzuschirmen, da hat man Plexiglasscheiben in die

Ruine Hohenrechberg – aus der Luft erkennt man die neuen Dächer auf den Burggebäuden.

Fensterhöhlen geklemmt, da sind Ausstellungen und Parkettfußböden, wo einst Ritter herumstampften und Burgfräuleins wehmütig in den Fensternischen saßen, nach ihrem fernen Galan schmachtend.

Und so waren die sprichwörtlich guten alten Zeiten: Historisch fassbar wird der Hohenrechberg durch Graf Ulrich von Rechberg, einen Gefolgsmann Barbarossas, der 1179 zum ersten Mal urkundlich erwähnt wird. Er war ein so genannter Ministerialer, also ein kaiserlicher Dienstmann, selbst unfrei, der aber auf einem Lehen lebte und ritterliche Dienste leistete. Aufgabe der Ministerialen war es, den Machtbereich ihres Lehensherren mit Schwert und Wort zu sichern und zu schützen. Im Laufe der Zeit wurden die Lehen jedoch zu erblichen Gütern und die Lehensmänner wurden als »Reichsbeamte« zum selbstständigen niederen Adel.

Ein solcher Ministerialer oder auch Verwalter war also Graf Ulrich, und die räumliche Nähe seiner Burg zum Hohenstaufen legt nahe, dass ein besonderes Vertrauensverhältnis zu den Machthabern bestand. Und tatsächlich, zehn Jahre später finden wir Ulrich von Rechberg als Kastellan der Burg Hohenstaufen und bald darauf gar als Marschall des Herzogtums Schwaben wieder, der stolz zwei mit dem Rücken gegeneinander aufrecht stehende rote Löwen im Wappen führte.

Auch seine Söhne standen im Dienst der Staufer: Der eine Sohn, Marschall Hildebrand, begleitete 1194 Barbarossas Sohn, Kaiser Heinrich VI., nach Italien; der andere ging als Bischof von Augsburg mit Barbarossas Enkel, Kaiser Friedrich II., nach Süden. Er fand 1227 in Apulien den Tod.

Ob es bei dieser engen Verbindung zwischen den beiden Burgen immer rechtens und mit rechten Dingen zuging, muss man der Sage nach allerdings bezweifeln. Zwischen dem

Hohenstaufen und dem Rechberg, die durch einen Höhenzug, den Aasrücken, verbunden sind, spukt nämlich der Staufergeist. »Da wird sehr oft ein hin und her wandelndes Licht bemerkt, das die Landsleute dieser Gegend den Staufergeist nennen. Er liegt öfter am Hohenstaufer Berg, wo es aussieht, als wenn man in einen angezündeten Backofen hineinsähe. Von da aus geht er oft sehr langsam, oft in schnellen Märschen, oft springend und hüpfend über die Tannen in gerader Richtung über den Aasrücken hin, hinter dem Schloß Rechberg herum. Hier ist der Standpunkt, wo er immer umkehrt, den nämlichen Weg zurückmacht und sich an dem Hohenstaufer Berg wieder hinlegt, bis die Betglocke läutet, wo er sohin abziehen muß.«

Fragt sich nur, wer da herumgeistert. Da gab es einen Dienstmann Barbarossas vom Rechberg, der »stahl große Summen Geldes zusammen und vergrub seine Schätze am Nordfuß des Hohenstaufen. Zur Strafe für seine ungesühnt gebliebenen Sünden muß er nun ›geisten‹, das heißt zwischen Abend- und Morgenglocke von Rechberg zum Staufen und zurück wandeln.«

Oder es ist Kaiser Rotbart selbst, »der seine stolze Stammburg sucht und das große alte Reich. Zuletzt kommt ein kleines Flämmchen: das ist der unglückselige Konradin, den die Reue nagt, weil er die Burg der Väter vergaß, den Horst, aus dem die Adler sich geschwungen«.

Am rührendsten finde ich allerdings die Geschichte vom unglücklichen Minnesänger, der als blaues Flämmchen spukt. Sie geht so: »Zur Zeit, als im Mittelalter der Minnesang am schönsten blühte, sei auf der Burg Hohenstaufen ein Edelknabe gewesen, der nicht bloß ein tapferer Kämpe war, sondern auch die Laute meisterhaft schlug. Er fand sein Ideal im Weib eines andern, in der Burgfrau von Hohenrechberg. So oft die Nacht anbrach, verließ der schwärmerische Jüngling den Hohenstaufen und wandelte einsam zur Burg Hohenrechberg, an deren Mauern er wunderbare Weisen auf der Laute spielte. Von Eifersucht entbrannt lauerte ihm aber der Ritter von Rechberg auf. Nach tapferer Gegenwehr wurde der unglückliche Sänger schwer verwundet in das Burgverlies geschleppt, wo er bald darauf starb. Seit jener Zeit sieht man, da die unselige Tat im Herbst vollbracht wurde, besonders in dieser Jahreszeit ein blaues Flämmchen über dem Aasrücken schweben.«

Trost für heutige Touristen: Für unsereinen ist der Aufstieg zur Burg harmloser als man denkt. Da kaum Hinweisschilder und schon gar keine Entfernungsangaben zur Ruine Hohenrechberg weisen, vermutet der Besucher, er müsse mühsam zur 707 Meter hohen Bergspitze aufsteigen, da ja Burgen bekanntlich ganz oben liegen. Da steht aber, Hosianna(!), nur eine Wallfahrtskirche, die zu besuchen wir echten Pilgern als Kasteiung überlassen. Die Burg selbst ist fast ohne Mühe in etwa zehn Minuten zu erreichen und eine Burgschänke hilft zudem die Lebensgeister retten.

Burg Staufeneck hoch über dem Filstal.
Im Hintergrund befindet sich der heute noch landwirtschaftlich genutzte Gutshof.

Fester Turm und leere Fenster

Die Ruine Staufeneck

Südlich vom Rechberg und gleich neben dem Städtchen Salach findet sich die nächste Burg im Befestigungsgürtel rund um den Hohenstaufen, die einen Besuch lohnt. Es ist die Burg Staufeneck, die Pfalzgraf Ludwig, der Bruder des ersten Stauferherzogs, um das Jahr 1080 gegründet haben soll. Davon ist freilich nichts mehr übrig. Die ersten erhaltenen Dokumente nennen für das Jahr 1257 denn auch einen Friedrich von Staufeneck – übrigens nahe verwandt mit den Rechbergs. Nach allem, was man aus urkundlichen Quellen, der spätstaufischen Prägung der Burg und ihrer Lage erschließen kann, wurde sie zwischen 1220 und 1250 als eine der 79 Buckelsteinquader-Burgen errichtet, die es allein in Württemberg gibt.

Diese Buckelquader sind übrigens geradezu das Erkennungszeichen der Burganlagen aus staufischer Zeit, auch wenn sich die Gelehrten bis heute nicht einig sind, warum ausgerechnet zu dieser Zeit die glatten Mauern durch unebene ersetzt wurden.

Erkennbar ist jedenfalls ein doppelter Nutzen: Einmal waren Buckelquadermauern billiger, da die Außenseiten der Steine nicht zusätzlich geglättet werden mussten. Zum anderen erschwerten die Buckelquader die Eroberung der Burg – an der ungleichmäßig gehöckerten Wand konnte man Sturmleitern nicht so einfach hochschieben. Und wenn es doch gelungen war sie aufzurichten, hatte die Leiter mit ihrem oberen Ende nur unsicheren Halt, wenn etwa der eine Holm auf einem Buckel auflag, der andere in der Mauerritze zwischen zwei Steinen in der Luft hing.

Nach dieser trockenen Einleitung nebst einer Erklärung zum Thema Burgenbautechnik und Wehrkunde gilt es nun, die Burg auch zu finden. Guten Mutes begibt man sich also auf die Straße, die von Göppingen nach Geislingen an der Steige führt und auf der hintereinander, man möchte es als Ortsfremder gar nicht glauben, die Orte Süßen und Kuchen liegen. Einheimische machen im Verein mit einem dritten Städtchen daraus sogar eine echte Diätvorschrift: Isny Süßen Kuchen. Ein Satz, über den dankbare Gemüter dann stundenlang lachen können.

Und das ist gut so, denn die herbe Wirklichkeit ist anders. Längst sieht man den Bergfried von Staufeneck, nur man kommt nicht hin. Das liegt vor allem daran, dass die Verkehrsschilder mit den Ortsangaben interessanter Weise oft, wenn überhaupt, erst nach der Kreuzung stehen, statt weit genug vorher. So liegt die Vermutung nahe, dass Barbarossa möglicherweise mit dieser simplen Methode der Irreführung bis fast ins Heilige Land geleitet wurde, obwohl er nur nach Göppingen wollte.

Das Schild »Straße der Staufer« jedenfalls führt in keinem Falle hin. Wohl aber im Lauf der Zeit die klassische Methode Versuch und Irrtum – mit dem unerwarteten Ergebnis, dass man bis zur Burg fahren kann, ohne dann noch bergauf wandern zu müssen.

Von der ursprünglichen Anlage selbst ist nicht viel erhalten. Aber bei dieser Burg geht es ja vor allem um die Kernburg mit dem »bebuckelquaderten« Bergfried und seiner imponierenden Höhe von etwa 30 Metern – eine Zahl, die in jeder Beschreibung auftaucht. Nur einer wagt da auszuscheren und gibt die Turmhöhe mit exakt 26,60 Metern an. Wie dem auch sei, es sind so oder so 132 Stufen bis hinauf zum Ausguck, auf dem als Wahrzeichen der Zeit eine Antenne aufragt und so weithin sichtbar Mittelalter mit mobiler Gegenwart verbindet.

Es ist ein Turm, wie ich ihn bisher nicht kannte: zehn Meter im Durchmesser, außen rund und innen achteckig, mit Schießscharten von ungeahnter Länge (man könnte bequem in ihnen schlafen). Sie sind sogar noch größer, als man vermutet, nämlich

Leere Fensterhöhlen im ehemaligen Palas der Burg Staufeneck

Buckelquader am Staufenecker Bergfried

drei Meter, und damit länger als jeder Gewehrlauf oder sonstige Schusswaffen. Das heißt also, die Turmmauern sind drei Meter dick, solide für die Ewigkeit und darüber hinaus gebaut.

Nach dem herrlichen Rundblick oben, unten dann wieder die Vergänglichkeit, die leeren Fensterhöhlen des Rittersaales im Palas, die Balkenlöcher für das obere Stockwerk, die Reste des Kaminabzuges, darüber freier Himmel. Wolken ziehen drüber hin, Wehmut in den Nischen. Im Tal unten glitzernde Glasdächer von Werkhallen, Straßen, Beton und Verkehr, der Kontrast von Romantik und Gegenwart.

Details zum Thema Gegenwart: Als Erstes: Der Wandersmann führe tunlichst ein paar Pfund Hartgeld mit sich. Um durch die Drehtür des dicken Turms und so nach oben zu kommen, brauchte man um die Jahrtausendwende Markstücke (falls jemand heute noch weiß, was das ist). Inzwischen braucht man 50 Cent und 100 Cent Stücke. An der Burg Hohenrechberg ist es nicht anders: Gleich hinter der Zugbrücke warten schmale Schlitze auf Cent-Futter.

Als Zweites: Im Gegensatz zu den üblichen Burggaststätten, die eher an die Demut und Bescheidenheit des Menschen appellieren, ist die auf Burg Staufeneck mehr auf Lottomillionäre und Leute wie Bill Gates spezialisiert, denen sieben bis acht Euro für eine kleine Vorspeise ein Klacks sind.

Die unterschlagene Adelheid

Brenz an der Brenz

Fast alles, was wir über die Vorfahren Barbarossas wissen, verdanken wir indirekt einer Dame namens Adela, oder auch Adelheid, obwohl sie weder von zeitgenössischen Chronisten noch von Barbarossa selbst je auch nur mit einem Wort erwähnt wird – seltsam genug, denn jene Adelheid war immerhin Barbarossas Frau.

Und das ist die Geschichte dazu, die uns unversehens nach Brenz an der Brenz führen wird: Im Jahr 1147 war Barbarossas Onkel, der Stauferkönig Konrad III., zu einem Kreuzzug ins Heilige Land aufgebrochen und hatte seinen Neffen mitgenommen. Es war jener Zweite Kreuzzug, der vom Anfang bis zum Ende eine einzige blamable Katastrophe war. Er brachte die Kreuzzugsbewegung für lange Jahre in Misskredit, bis dann Friedrich Barbarossa 43 Jahre später zum Dritten Kreuzzug aufbrach, auf dem er dann allerdings den Tod fand.

Nach seiner Rückkehr ins Schwäbische war sein Vater Friedrich »Einaug« gestorben, so dass das Herzogtum Schwaben 1147 auf Barbarossa überging. In diese Zeit fällt nun vermutlich das Ereignis, das Friedrich und seine Chronisten erstaunlicherweise totgeschwiegen haben: Es war die Hochzeit des Rotbarts mit eben jener Adelheid, der Tochter des Markgrafen Diepold III. von Vohburg.

Nicht einmal bei seiner Krönung im Jahr 1152 wurde die Königin auch nur mit einem Wort erwähnt. Dass Friedrich Barbarossa überhaupt verheiratet war, erfahren wir erst nach der Krönung. Und dies aus der Tatsache, dass er vom Papst die Annulierung dieser Ehe verlangte und im März 1153 auch bekam.

Als Trennungsgrund wurde offiziell angegeben, Barbarossa sei zu nah – nämlich im sechsten Grad – mit Adelheid verwandt gewesen; eine Entdeckung, die er freilich reichlich spät machte und die ihn dann auch nicht hinderte, Beatrix von Burgund zu heiraten, die ebenfalls eine Verwandte sechsten Grades war.

Diese zweite Heirat fand im Juni 1156 in Würzburg statt, wo der inzwischen etwa 33-jährige Barbarossa mit wahrhaft königlicher Pracht die noch nicht einmal 15-jährige Beatrix von Burgund ehelichte. Ein Mädchen mit blondem Haar und hellen Augen, die, wenn das auf einer Münze erhaltene Bild stimmt, tatsächlich von kindlichem Liebreiz war.

Auch Adelheid heiratete wieder. Diesmal aber »nur« den Ministerialen Dietho von Ravensburg, also einen unfreien Dienstmann, was den Historiker Friedrich von Raumer schon im vorletzten Jahrhundert zu der Bemerkung veranlasste, das könne nur aus wahrer

Die Galluskirche in Brenz an der Brenz

Liebe geschehen sein. Das würde auch die Gerüchte stützen, die Ehe mit Barbarossa sei wegen Ehebruchs geschieden worden.

Unter den wenigen Möglichkeiten, von der Kirche die Annulierung einer Ehe zu erreichen, war damals der Vorwand zu enger Verwandtschaft der bequemste Grund. Er hatte auch dic besten Aussichten auf Erfolg, denn Ehebruch reichte zu einer Scheidung nicht aus, höchstens zu einer Verstoßung. Dem Argument der Kinderlosigkeit konnte die Kirche allzuleicht entgegnen, man solle nur weiter auf Gottes Segen hoffen.

Barbarossa musste also die angeblich zu nahen Verwandtschaftsbeziehungen nachweisen. Und so kommt es, dass wir nur wegen dieser Adelheid die genealogische Vorgeschichte der Staufer mit all den vielen Friedrichs, abcr auch die Verwandtschaft der Dame Adelheid, geschiedene Barbarossa, einigermaßen kennen.

Und da ergibt sich, dass Adelheids Vater, der Markgraf von Vohburg, zwar aus Ingolstadt und Cham stammte,

aber ebenso anderswo Ländereien besaß. So auch rund um den Ort Giengen an der Brenz, also auf der Ostalb hinter Ulm.

Dieses Land an der Brenz hatte Adelheid zusammen mit dem Ort Brenz, kaum ein Dutzend Kilometer von Giengen entfernt, als Hochzeitsgut in die Ehe miteingebracht; nach der Scheidung hatte es Barbarossa einfach behalten.

So erklärt sich nun auch, warum wir auf den Spuren der Staufer auf einmal halbwegs ins Bayerische nach Brenz an der Brenz zu einer der »schwäbischen Schmuckkirchen« pilgern. Es gibt zwar keinen Beleg, aber es ist allgemeine Überzeugung, dass Form und Ausstattung der Galluskirche in Brenz auf die Initiative des Kaisers Barbarossa zurückgehen.

Warum sonst sollte diese anstelle früherer anspruchsloser Kirchen erbaute Basilika auf einmal gegenüber dem Altar eine eigene Westempore haben wie die Krönungskirche in Aachen oder der Dom zu Mainz? Warum sollte eine Kirche mitten auf dem Land Rundbogenfriese von über 100 Metern Gesamtlänge haben – jeder der 175 Rundbögen mit einer Skulptur versehen –, die reicheren Schmuck zeigen als die Schwesterkirchen in Schwäbisch Gmünd und Faurndau? Warum der Aufwand mit Motiven aus der Antike, ergänzt durch byzantinische und orientalische Formen, durchsetzt mit Bildmagie aus dem keltischen und germanischen Raum? Warum zeigte eines der Reliefs in der Hauptapsis einen thronenden König? Warum, wenn nicht aus dem einleuchtenden Grund, dass Barbarossa hier auf neu gewonnenem Besitz einen repräsentativen Bau plante und stiftete, um sich selbst und seine Herrschaft darzustellen?

Freilich: auch wenn Barbarossa nachgewiesenermaßen dreimal im benachbarten Giengen war, dem er sogar eigens das Stadtrecht verliehen hatte, und 14-mal im nahen Ulm, ist er wohl kaum selbst der Bauherr der kleinen Basilika in Brenz gewesen. Es war mit aller Wahrscheinlichkeit der Kreuz-

Romanische Kapitelle: Antike Motive und orientalische Formen mischen sich.

fahrer Sebold von Brenz, der im Auftrag Barbarossas handelte und dessen Grabstein noch heute über der Stelle seines Grabes im südlichen Seitenschiff zu sehen ist.

Diesen beiden Herren sei Dank für eine originelle Kirche mit Charakter und überraschenden Details, wie die große steinerne Brezel zwischen den Fabeltieren im Bogenfries oder dem so tief ausgemeißelten Taufbecken, dass man den armen Täufling noch ganz untertauchen konnte. Wer einen blauen Daumen riskieren möchte, kann ja die schwere kupferne Taufschale lupfen, die heute den Trog abdeckt, und mal studienhalber ins schiere Mittelalter hineinsehen.

Da die Galluskirche in Brenz und die Stiftskirche in Faurndau allein schon vom Gründer her miteinander verwandt sind, sollte man sich außerdem draußen den Aufbau des Ostchores sowie drinnen Kirchenschiff und Altarraum für einen späteren Vergleich genauer ansehen.

Wie das Klösterle in Faurndau so hatte Ludwig der Deutsche nämlich seinem Hofkaplan Liutbrand im Jahr 875 auch die »capella ad prenza« geschenkt. Beide Gotteshäuser fielen später an das Kloster Sankt Gallen – daher dann auch der Name Galluskirche.

Dem wissensdurstigen und neugierigen Kulturmenschen seien noch drei Dinge mitgeteilt:

1) Ein Besuch des nahen Giengen an der Brenz lohnt sich und wenn es nur zur Erinnerung an alte Kinderträume ist: Hier hat Margarete Steiff angefangen, die berühmten Teddybären und andere Stofftiere zusammenzunähen. Eine Ausstellung zeigt viele der Tiere mit dem Knopf im Ohr.

2) Im Brenzer Schloss, gleich hinter der Galluskirche, lebte, jedem echten Schwaben ein Begriff zum Schaudern, von 1727 bis 1731 »die Grävenitz«, die Mätresse des Herzogs Eberhard Ludwig von Württemberg.

3) Dagegen harmlos, aber einmalig und unweit von Giengen an der Brenz, die Charlottenhöhle, die mit über einem halben Kilometer Tiefe die längste Schauhöhle Süddeutschlands ist.

Eines der Tore in der früher mehr als einen Kilometer langen Klostermauer von Adelberg. Im Hintergrund die ehemalige Zehntscheuer

Gemalte Geschichte

Das Kloster Adelberg

Unser nächstes Ziel, das Kloster Adelberg, muss man schon regelrecht suchen gehen. Es liegt genau westlich vom Wäscherschlösschen, auf halbem Weg zwischen Schorndorf und Göppingen, mitten im Schurwald. Und obwohl heute kein Stein mehr aus der Stauferzeit übrig ist, bündelt das ehemalige Kloster mehr als jeder andere Ort bisher die lokale staufische Geschichte in Wort und Bild wie ein Brennglas das Licht.

Sehen wir uns also diese Geschichte an. Im Jahr 1054 – so eine alte Chronik – wurde auf dem Gelände des späteren Klosters eine Kapelle zu Ehren des heiligen Bischofs Ulrich von Augsburg geweiht. Die Weihe nahm – man höre und staune –, hier hinten, im letzten Winkel, der schottische Bischof Thiallin vor. Und noch wundersamer: Er tat dies im Auftrag von Papst Leo IX. Warum und wieso dieser ehrenvolle Aufwand?

Konsolfigur aus der Ulrichskapelle in Adelberg

Dazu muss man eben wissen, dass dieser Papst Leo IX. aus Egisheim im Elsass stammte und entfernt mit den Staufern verwandt war: Hildegard von Egisheim, die Frau Friedrichs von Büren (dem vom Wäscherschlösschen), war Leos Nichte. Das dürfte sehr wohl erklären, warum ein schottischer Bischof im Auftrag des Papstes eine so kleine und unbedeutende Kapelle weihte.

Und tatsächlich: Hundert Jahre später gehörte das Gebiet um die Ka pelle einem Volknand von Staufen, dem Vetter Kaiser Barbarossas, der selbst als Vogt auf dem Hohenstaufen lebte und im Jahr 1178 das Kloster auf dem Adelberg gegründet hatte.

Drei Jahre später besuchte Kaiser Barbarossa Kloster Adelberg und unterschrieb am Pfingstmontag 1181 auf dem Hohenstaufen sogar eine Urkunde, mit der er es in seinen Schutz nahm. Als dann 1188 der Choraltar des Klosters geweiht wurde, war das gesamte regierende staufische Haus in Adelberg: Kaiser Friedrich I. Barbarossa, sein Sohn König Heinrich VI., Herzog Friedrich von Schwaben ebenso wie Philipp, der spätere König.

Und selbst die schöne Irene von Byzanz, Philipps Frau, kommt hier ins Spiel. Als Irene 1208 nach der Emordung ihres Gemahls von Bamberg auf die Burg Hohenstaufen geflüchtet war, unterschrieb sie wenige Tage vor ihrem Tod ein Dokument, mit dem sie einen Wunsch Philipps erfüllte und dem Kloster einen Hof in Oberesslingen übertrug. Auf diese Weise waren, wie sonst selten, gleich mehrere Staufer um ein- und dasselbe Kloster bemüht.

Ein verheerender Brand im Jahr 1361, also rund 150 Jahre später, zerstörte fast die gesamte Anlage innerhalb der 1100 Meter langen Klostermauern. Das Kloster aber kam wieder zu Wohlstand, bis es 1525 während der Bauernunruhen verwüstet wurde. Nur die ehemals vom Friedhof umgebene, um 1500 neu gebaute Ulrichskapelle überlebte. Es wird berichtet, »ein einfältiger Mensch, Jäckle genannt« hatte mit Tränen in den Augen gebeten: »Diese Kapelle ist mein; ich bitte, verschont diesselbe.«

Wegen dieser Kapelle, lange nach der Stauferzeit erbaut, hochgotisch und durchaus nicht romanisch, sind

Der Wandgemäldezyklus in der Adelberger Ulrichskapelle beschreibt die Gründungsgeschichte des Klosters.
Bemerkenswert ist das schwarz-goldene staufische Wappen.

wir hierher gepilgert. Sie enthält außer wertvollen Werken, wie dem Flügelaltar im Langhaus, großformatige Wandgemälde, die eben jene staufische Gründungsgeschichte darstellen. Die im 16. Jahrhundert entstandenen Fresken sind allerdings keine Kunstwerke, zumal sie 1744 »überholt« wurden. Aber darum geht es uns ja nicht.

Das erste Wandbild zeigt Volknand, wie er den Eremiten von Einsiedlerbach das Angebot macht, ein Kloster zu gründen. Die Bildunterschrift dazu lautet: »Volknandus bietet den Eremiten die Hofstatt an, die sie aber nicht annehmen.« Auf dem zweiten Bild sehen wir, wie »Volknandus den Prämonstratensern von Rockenburg die

Der ehemalige Adelberger Fruchtkasten war auch Kornspeicher für die Klostermühlen im Herrenbachtal.

Hofstatt übergibt.« Das dritte dieser Werke berichtet, wie der Heilige Andreas den Roggenburger Brüdern die Stelle zeigt, wo sie das Kloster bauen sollen. Das vierte Bild erzählt vom Besuch Kaiser Barbarossas im Jahr 1188. Man sieht einen stupsnasigen alten Kaiser Rotbart über dem Wappen mit den drei gelben staufischen Löwen auf rotem Grund, und der Text erklärt: »Volknandus übergibt das Gotteshaus den Herzögen von Schwaben in ihren Schirm.« Das vorletzte Bild zeigt die Weihe des Hochaltars im Beisein der Herzöge von Schwaben im Jahr 1187, und das letzte schließlich berichtet von einem Mönch mit Stock und Beutel, der Spenden für sein Kloster sammelt.

Aufgemerkt: Die Kirche ist nur, und dann auch noch »wetterabhängig«, an Sonntagen von 14 bis 17 Uhr geöffnet. Werktags können Gruppen nach vorheriger Anmeldung, Telefon (0 71 66) 7 71, von Herrn Unz geführt werden.

Ein Klösterle aus alter Zeit

Faurndau

Eben in Adelberg waren wir in einem veritablen Kloster, auch wenn wir dort nur eine Kirche besucht haben. Was ich jetzt in der Nähe von Göppingen anbiete, ist dagegen nur ein Klösterle – und auch das ist nur noch als Begriff vorhanden.

Dieses »-le« ist dabei keine Reverenz vor den Staufern, die schließlich auch Schwaben waren; diese Verkleinerungsform ist nichts weiter als die wortgetreue Übersetzung aus der lateinischen Stiftungsurkunde. Am 11. August des Jahres 875 – tatsächlich 875, also vor über 1100 Jahren! – hatte Ludwig der Deutsche, der Enkel Karls des Großen, seinen Hofkaplan Liutbrand nicht mit einem Monasterium, einem Kloster, sondern »Quoddam monasteriolum quod vocatur Furentouua«, also »einem gewissen Klösterle mit Namen Faurndau« belehnt.

Zwanzig Jahre später fiel das Monasteriolum Furentouua zusammen mit der Galluskirche in Brenz an das Kloster Sankt Gallen und blieb da, bis im Jahr 1180 Kaiser Friedrich Barbarossa die Schirmvogtei des Faurndauer Klösterles übernahm und es, wie es scheint, in ein Chorherrenstift umwandelte. Denn heute noch ist die amtliche Bezeichnung »Stiftskirche Faurndau«, obwohl es längst auch kein Stift mehr gibt.

Diese Stiftskirche ist nun auch schon wieder an die 800 Jahre alt. Gebaut wurde sie in kaum zwanzig Jahren, zwischen 1200 und 1220, aber die paar Jahre reichten aus, um die Baupläne mehrfach zu ändern. Aus einer doppeltürmigen Anlage wurde in den Plänen bald eine eintürmige Anlage – und geweiht wurde am Ende eine dreischiffige Basilika ohne jeden Turm.

Dass wir heute die Kirche mit Turm vor uns sehen, ist eine spätere Zutat. Dank dendrochronologischer Untersuchungen des Bauholzes (dazu schaut man sich die Jahresringe im verwendeten Holz genau an und vergleicht sie mit Jahresringdaten im Computer) können wir sogar ziemlich genau sagen wann: es war kurz nach 1341.

Und so steht die Kirche nun da mit einem ziemlich dicken Turm (der obere Teil ist übrigens nichts weiter als verputztes Fachwerk), doch wegen dieses Turms muss kein Mensch in den Göppinger Vorort Faurndau.

Ich hatte es ja schon in Schwäbisch Gmünd gesagt: Der Restauratoren-Chor von Sankt Johannis ist dem Chor von Faurndau nachempfunden. Wenn man jetzt hier steht und vergleichen kann, merkt man den Unterschied. Da ist die gewachsene Form in Faurndau, in Gmünd dagegen die errechnete; hier die reichen und verspielten Formen, dort die karge Linie.

Die Stiftskirche in Göppingen-Faurndau

Wenn man sich beide Kirchen von Osten aus ansieht, merkt man allein schon beim Figurenschmuck den Unterschied. Auffallend sind jedenfalls in Faurndau die vier Gestalten, die am Hauptschiff über dem Dachfirst des Chores angebracht sind, und die Köpfe, auf denen der umlaufende Fries ruht. Sie zu deuten, ist hier ebenfalls nicht gelungen, auch wenn immer wieder gesagt wird, die Gestalt unter dem Giebel sei möglicherweise der Baumeister oder der Steinmetz. (Seit 1957 befinden sich die Originale übrigens im Göppinger Heimatmuseum.)

Und vergleicht man Faurndau nun auch noch mit der Galluskirche in Brenz, dann erkennt man zwar die Ähnlichkeit, spürt aber zugleich, dass hier die Formen organischer ineinander übergehen als die eher aneinander gesetzten Formen in Brenz. Dass Faurndau eleganter, Brenz bäurischer ist.

Ich finde, statt aller Deuterei und Vergleichzieherei bringt es weit mehr, das Ganze auf sich wirken zu lassen. Die Harmonie der aufsteigenden Linien zu verfolgen und das Archaische, Seltsame, manchmal fast Unheimliche dieser längst vergangenen Welt in sich aufzunehmen. Denn so, als eine Art Bildzauber, haben es die Menschen damals vielleicht empfunden.

Ganz anders der Innenraum mit seinen ausgewogenen Proportionen unter der flachen Holzdecke. Das erhebt nicht, aber es atmet Ruhe. Und bei aller Schwere: es drückt nicht, sondern hält zusammen. Hier lenkt nichts von der Geschlossenheit und Reinheit eines romanischen Kirchenraumes ab. Nur eine einzige Figur findet sich im Chor, wo das Kapitell einer Säule einen Mann mit zwei Hunden zeigt. (Und schon lockt wieder die Versuchung, zu deuten statt nur zu sehen: Würgt der Mann die Hunde, weil sie Dämonen sind, oder hält er sie nur und ist selbst ein Symbol der Finsternis?)

Das Hauptschiff in der Faurndauer Stiftskirche – staufische Romanik pur

Bei den wieder entdeckten, vermutlich spätromanischen Wandmalereien im Altarraum und im Chor sind wir wieder auf vertrautem Boden: Hier müssen wir nicht deuten, hier wissen wir es. Der da in der Mandorla, dem mandelförmigen Heiligenschein, ist Christus als Weltenrichter. Im Chorgewölbe erkennen wir die Symbole der vier Evangelisten. Die offensichtlich jüngeren Fresken beschreiben Szenen aus dem Leben der Gottesmutter Maria.

Mythisches neben tradiertem Glauben. Eine Zeit des Umbruchs, auf engem Raum beieinander.

Den Schlüssel zum »Stiftskirchle« gibt es im benachbarten Pfarramt. Für den, der sicher gehen will, die Telefonnummer: (0 71 61) 2 11 35.

Romanische Harmonie

Die Stiftskirche Bad Boll

Wir wollen es dankbar vermerken: Hier ist eine Kirche, die gleich zweifach mit den Staufern verbunden ist. Zwar: Als Stifterin der Kirche gilt die Gräfin Bertha von Elchingen oder Berta von Ravenstein, auch Berchta von Boll genannt, und das klingt gar nicht staufisch. Aber: Ihr Vater war der erste Schwabenherzog, Friedrich I., und ihre Mutter war Agnes, die Tochter Kaiser Heinrichs IV.

Mithin war Barbarossa ihr Neffe. Und nachdem der Ort »Bolla« im Jahr 1155 zum ersten Mal in einer Urkunde des Rotbarts genannt wurde, kann man eigentlich nicht viel mehr verlangen. Oder doch? In einer Chronik wird erwähnt, dass Berta von Boll eine »lange, gerade Frau« war und dass sie als Stifterin in ihrer Kirche begraben liegt. Als man im Jahr 1840 in der Boller Kirche einen langen Stein anhob, fand man darunter »Spuren eines Leichnams von ungewöhnlicher Größe«.

Das Äußere der Cyriakuskirche verrät wenig über die romanische Harmonie im Innern.

Die Sankt-Cyriakus-Kirche, die wir uns heute ansehen, ist allerdings bereits ein Nachfolgebau aus der Zeit um 1200, der als stilrein erhaltene Pfeilerbasilika in »kraftvoll-herber Formensprache« mit einem »durch seine Schlichtheit wirkenden romanischen Innenraum« gelobt wird.

Wenn man so etwas liest, muss man sich darauf einrichten, dass man etwas ganz Einfaches, Unauffälliges, ja Langweiliges zu sehen bekommt, das zu beschreiben und zu erinnern einem hinterher schwer fällt. Tatsächlich sagt man sich beim Betreten der Kirche: Und deswegen sind wir mühsam hierhergefahren? Aber genau das ist die heutige Ungeduld, immer etwas Besonderes zu erwarten, so wie etwa in Denkendorf, nicht weit von hier.

Dabei ist es gerade das Besondere, einmal die schmucklose, einfache Urform vorzufinden. Man setze sich hin und gucke sich alles bewusst der Reihe nach an und lasse es auf sich wirken: die flachen Holzdecken (und keine Gewölbe), der flache Chor (ohne Apsis), die wuchtigen, viereckigen Säulen (nachträglich zu Achtecken geschlif-

Der Innenraum von Sankt Cyriakus in Boll

fen, um etwas von ihrer Schwere wegzunehmen), die einfachen Kapitelle (ohne jeden Schmuck), die glatten, weißen Wände, der große Bogen, der Schiff und Chor trennt – es ist tatsächlich ein Bild von ausgeglichener Harmonie, das nur durch die gotische Kanzel und die Kanzeltreppe gestört wird.

Das heutige Aussehen verdankt die Kirche der Renovierung des Jahres 1957, als man den Verputz und die neuromanischen Malereien von 1902 wieder entfernte. Trotzdem ist es nicht der Eindruck von vor 800 Jahren. Der alte Fußboden mit der Basis der Pfeiler liegt 60 Zentimeter tiefer, so dass der ohnehin höher liegende Altarraum früher wirklich wie ein »Hochaltar« gewirkt haben muss.

Und entscheidend: Im Mittelalter waren die romanischen Kirchen meist mit biblischen Geschichten farbig ausgemalt (wie heute noch auf der Insel Reichenau); außerdem war es im Mittelalter in den Kirchen duster und dämmrig – die heutigen großen Fenster sind in den seltensten Fällen original.

Man beachte:

Boll und Bad Boll sind zwei nebeneinander liegende Ortschaften. In Bad Boll befinden sich das Heilbad und die Evangelische Akademie, im eigentlichen Ort Boll die Evangelische Stiftskirche Sankt Cyriakus, wie sie amtlich heißt. Da auch hier, bis auf den mehrfachen Hinweis des Kleintierzüchtervereins, fast nichts ausgeschildert ist, fahre man auf gut Glück nach Boll hinein, bis man auf eine weiß gestrichene Kirche mit viereckigem Turm und achteckigem Häubchen inmitten eines asphaltierten Hofes stößt. Wenn Sie auch hier keinerlei Hinweis auf den Namen der Kirche oder kirchliche Veranstaltungen finden, sind Sie richtig. Innen lässt sich die Kirche an den Postkarten verifizieren.

Und noch ein Hinweis: die Kirche ist ganztägig(!) geöffnet, eine Tatsache, die bei evangelischen Kirchen höchst selten ist.

Durch diese romanische Vorhalle, auch Paradies genannt, gelangt man in die Denkendorfer Klosterkirche.

Klein-Jerusalem in Schwaben

Denkendorf

Denkendorf muss man nicht kennen. Und doch galt dieses Landstädtchen, südlich von Esslingen und direkt an der Autobahn A 8, jahrhundertelang als »Klein-Jerusalem«. Es war ein Wallfahrtsort, den Kaiser Barbarossa im Jahr 1181 in den so genannten Königsschutz genommen hatte.

Angefangen hatte es damit, dass Ritter Berthold, Herr und Besitzer des Fleckens Denkendorf, mit seiner edlen und schönen Gemahlin Luitgarden »keine Kinder erzeuget« hatte, wie eine alte Chronik berichtet, und »dass er daher zu dem Heiligen Grabe ins gelobte Land verreyßt« sei, um »daselbst von wegen sein und seiner Voreltern Seelenheyl« die Kirche in Denkendorf dem Heiligen Grab als Stiftung zu übergeben.

Hierauf habe »der Patriarch Warimundus zu Jerusalem ihm einige Stücke von dem Heiligen Grab und Holz des heiligen Kreuzes geschenket, annebst aber auch ihm einen Probst, Conradum, zugesellet und ermahnet, ein Kloster zu bauen, so auch zur Ehre des Heiligen Grabes nach der Regul Augustini geschehen«.

So hatte der Orden vom Heiligen Grab plötzlich um 1120 in Denkendorf ein Kloster, und so kommt es, dass das Patriarchenkreuz von Jerusalem – ein Kreuz mit doppeltem Querbalken – bis heute das Wappen von Denkendorf ziert.

Um 1200 wurde die bisherige Kirche zu klein, und man begann die neue, noch heute so erhaltene Kirche zu bauen. Es ist eine jener ernsten, in sich stimmigen, wuchtigen und doch nicht beängstigenden romanischen Dorfkirchen, wie man sie hier in der Gegend findet.

Das alles wäre allein noch kein Grund, in das Dorf des Grundherren Danko, sprich Denkendorf, zu fahren, wenn da nicht die Krypta wäre. Üblicherweise ist eine Krypta entsprechend dem Wortsinn, ein dunkler, verborgener Raum und, weil sie sich meist unter dem Altarraum befindet, ein Gelass mit oft niedriger Decke. Hier in Denkendorf befindet sich die Krypta 23 Stufen unter dem Kirchenboden und ist dabei so hoch, dass der Altarraum darüber noch einmal deutlich sieben Stufen über dem Kirchenschiff liegt.

Die zweite Besonderheit ist das spitzbogige Tonnengewölbe der Krypta, das innerhalb der rein romanischen Kirche die Gotik vorausnimmt. Und schließlich: Mitten in der kirchenartigen Krypta erinnert ein Grabschacht an die Jerusalemer Grabeskirche mit dem Grab Christi. Nun hätte man sicher nicht erst nach Jerusalem zu pilgern brauchen, um

Phantasievolle Ornamente schmücken die Kapitelle und Wände in der Krypta.

solch ein offenes Grabloch nachzuempfinden, das auch noch derartig kurz ist.

Wie dem auch immer sei: Hier haben jedenfalls die Chorherren des Klosters, die Brüder vom Heiligen Grab in Jerusalem, ihre Gottesdienste so abgehalten, wie sie es aus dem Orient gewohnt waren. Dreihundert Jahre lang war die Kirche eine beliebte Wallfahrtsstätte, deren Besuch sogar einer Reise ins Heilige Land gleichkam. Wer hier, besonders am Karfreitag, betete, bekam denselben Ablass wie beim Gebet im fernen Jerusalem.

Wie groß der Pilgerstrom war, konnte man bis vor kurzem an der vollkommen ausgetretenen Grabumrandung sehen. Jeder hat halt mal ehrfürchtig hinabgesehen, obwohl da nichts zu sehen war. Inzwischen wurde der Sandsteinrand erneuert.

Traditionen aber bleiben. Auch wenn Kreuzzugsgedanken längst passé sind, auch wenn das Kloster aufgelöst und die Kirche längst evangelisch ist: Noch heute werden die Gottesdienste am Ostermorgen am leeren Grab in dieser Krypta gefeiert und nicht oben im großen Kirchenschiff.

Und erst jetzt, wenn man den Blick hebt und sich in der Krypta umsieht, merkt man, dass sie kein einziges christliches Symbol, keine christliche Figur und kein Kreuz enthält. Stattdessen entdeckt man an den Kapitellen mythische Tiere und Pflanzenornamente, verschlungene Leiber, offene Mäuler, Krallen, Magisch-Unheimliches – wie in Sankt Johannis in Schwäbisch Gmünd. Was für eine andere Welt.

Man hat die Besonderheit dieser Kirche aber noch immer nicht voll erfasst, wenn man nicht außerhalb der Kirche, links vom Chor die Treppen hinuntersteigt, um die Ostseite der Kirche zu betrachten. (Und dann die 87 Stufen wieder hinaufsteigt, weil man zu spät merkt, dass man auch mit dem Auto hätte hinunter fahren können.)

Unten entdeckt man nämlich, dass die Kirche mit dem Chor einfach über den Hang hinausgebaut worden ist, um für die hohe Krypta Platz zu gewinnen. Zu diesem Zweck hat man vom Tal aus die Ostmauer in Kirchenschiff-Breite nach oben gezogen. Erst kommen Meter um Meter Blindmauer, dann, hoch in der Luft ein romanisches Fenster – das der Krypta; darüber zwei romanische Fenster und eine Rosette – der Altarraum des Kirchenschiffs; und ganz oben, gemütlich wie ein Bauernhaus, mit Fachwerkbau und zwei Fenstern mit Holzläden, der Dachboden (oder auch Bühne, wie es hierzulande heißt); darüber dann das Walmdach. Üblich ist das jedenfalls nicht.

Flechtwerk in Pflanzen- und Tiergestalt aus der Denkendorfer Krypta

So weit ragt die Klosterkirche in Denkendorf über den Abhang hinaus. Unten das große Kryptafenster, oben die drei Fenster des Kirchenschiffes.

Das Heilige Grab in der Krypta

Und da man nur sieht, was man weiß, noch ein Schmankerl. Als die Maurer mit ihrer Ostmauer oben am Altarraum ankamen, mussten sie feststellen, dass die Mauer zu breit geraten war. Auf der Südseite (also von innen gesehen rechts vom Altar) passte die Außenwand des Kirchenschiffs über der Krypta nicht mit dem Chorabschluss zusammen. Wenn man im Kirchenschiff steht, sieht man das auch: Der letzte Bogen im Chor und der dazugehörige Pfeiler verschwinden rechts aus dem Blickfeld. (Die anderen Unregelmäßigkeiten im Grundriss rühren daher, dass man den Vorgängerbau mit der jetzigen Kirche an bestimmten Stellen, so am Turm, kombiniert hat.)

Wenn's nicht um Klein-Jerusalem ginge, würde ich's ja nicht erwähnen: Ausgerechnet dieses Kloster mit dem Grab Christi war nach langen Jahren als Evangelische Klosterschule von 1838 bis 1905 schlicht und einfach Senf- und Likörfabrik.

Ende gut, alles gut: Um 1948 kaufte die Evangelische Landeskirche die Klostergebäude, die einst Zentrum des schwäbischen Pietismus gewesen waren und in denen Hölderlin als Schüler gelebt hatte, und nutzt sie seitdem als Landeskirchliche Fortbildungsstätte sowie als Pastoralkolleg.

Auf nach Sindleozesauua

Die Insel Reichenau

Der Eingang von Sankt Georg in Reichenau-Oberzell

Der liebe Gott hat es weise eingerichtet, dass Klöster meist an landschaftlich schönen Stellen liegen. Mit der ehemaligen Benediktinerabtei, die Missionsbischof Pirmin im Jahr 724 auf der einsamen Insel Sindleozesauua gegründet hatte, ist es nicht anders.

Infolgedessen ist diese Insel, die später »Reychen Owe« und heute Reichenau heißt, längst auch für diejenigen eine touristische Attraktion, die mit den drei über tausend Jahre alten Kirchen nicht viel im Sinn haben, sondern eher den Bodensee, die Bodensee-Felchen und, wenn sie Glück haben, dabei auch noch die Sicht auf das immer wieder überraschende Zickzack der Alpenkette genießen wollen.

Obwohl nun kein Staufer hier eine Burg oder Kirche gebaut hat und obwohl kein illustrer Aufenthalt eines Staufers auf der Insel nachgewiesen werden kann, ist unsere Besichtigungsreise zu dieser Bodensee-Insel aber mehr als nur Wilderei in fremden Revieren.

Denn auch wenn die eigentliche Blüte der Insel in vorstaufischer Zeit liegt und obwohl es Karl der Große und eben kein Staufer war, der die Bodensee-Insel für Jahrhunderte zum Brennpunkt deutschen Kunst- und Geisteslebens machte und in das selbstbewusst erwachende Abendland integrierte – Abt Waldo zum Beispiel wurde bald nach 786 zum Erzieher von Karls Sohn Pippin berufen –, trotz alledem also finden sich hier einige typische Beispiele aus staufischer Zeit, die einen Abstecher lohnen.

Was wir suchen, liegt ganz bequem gleich am Anfang der Insel, wenn man über den pappelgesäumten Damm gefahren ist. Es ist die Sankt-Georgs-Kirche in Oberzell, eine einfache dreischiffige Dorfkirche mitten im Grünen, mit merkwürdig gedrücktem Vierungsturm und einem hohen kahlen Chor. Eine Kirche, der man ihr

So farbig bemalt wie die Reichenauer Georgskirche muss man sich auch die Gotteshäuser aus staufischer Zeit vorstellen.

Alter erst ansieht, wenn man im Westen vorm Eingang steht. Wenn sich das enge Ineinander von Dächern, Vierecken, Rundungen und nochmals Vierecken vor dem Blick des Betrachters auftürmt. Urig wäre hier als Wort möglich, schwerfällig, auch bäurisch. Man glaubt sofort, dass diese Kirche um das Jahr 900 und das Westportal um 1080 gebaut wurde.

Drin ist die Kirche vom Bau her wie jede andere: ein erhöhter Altarraum, gerahmt von den hohen Rundbögen der Vierung; im Kirchenschiff schwere, schmucklose Bögen; hoch oben unterm Flachdach romanische Fenster. Lorch, Boll und all die Kirchen sind nicht viel anders – nur dass sie uns in ihrer Schlichtheit und dem Blick auf den glatten Stein typisch romanisch vorkommen, es aber mit ihren kahlen Mauern ebensowenig sind wie die griechischen Statuen in ihrem makellosen weißen Marmor.

Denn so, wie auch die Venus von Milo oder der Apoll von Belvedere ursprünglich bunt bemalt waren, so waren auch die mittelalterlichen Kirchen mit biblischen Geschichten ausgemalt, frommen Bilderbüchern gleich.

Der Kirchenraum als »biblia pauperum«, als Bibel für die Armen, die nicht lesen konnten.

Sankt Georg ist nun eine solche noch original ausgemalte mittelalterliche Kirche, eine Rarität sondergleichen, »denn« – so der Kunsthistoriker Jantzen – »hätten wir nicht die kleine Georgskirche auf der Reichenau, so könnten wir kaum eine Vorstellung gewinnen, wie deutsche Wandmalerei im 10. Jahrhundert aussah.«

Das also ist der Grund, weshalb wir uns in den Touristenstrom zur Reichenau eingereiht haben. Sankt Georg auf der Reichenau bietet uns diejenige Anschauung im Original, die Restauratoren des 19. Jahrhunderts da und dort durch nachträgliche und nachempfundene Wandmalereien suggerierten. Bis dann die nächste Generation von Restauratoren den bildlosen Purismus bevorzugten und damit der Wirklichkeit auch nicht näher kamen. Die Wandgemälde dieser Kirche stammen zwar aus vorstaufischer Zeit, stehen aber für das, was aus späterer Zeit nicht mehr erhalten ist.

Setzen wir uns also in Ruhe hin und lassen erst einmal die bunte Welt auf uns einwirken. Und da man, wir wissens ja schon, nur sieht, was man weiß, sollte man jetzt eines der kleinen Erklärbücher zu Hand nehmen, die man am Kircheneingang für einen Obolus erwerben kann. Dort kann man nachlesen, was man an welcher Stelle zu sehen bekommt und was zum Beispiel vorn links am Altarraum die Kuhhaut mit den Teufeln bedeutet. Die übrige Malerei im Kirchenschiff hat – im Gegensatz zur Streuplastik von Schwäbisch Gmünd – ein klares Programm: links über den Bögen im Kirchenschiff vier Bilder mit Heilun-

Das Fresko in der Apsis der Kirche Sankt Peter und Paul in Niederzell stammt aus der ersten Hälfte des 12. Jahrhunderts.

gen, rechts vier mit der Auferweckung von Toten. Dargestellt wird also der »Heiland«, wie es die spätkarolingische und ottonische Kunst bevorzugt, nicht der Leidensmann oder Gekreuzigte der Gotik.

Da ist kein Chaos von Jagdszenen, bloßen Köpfen und Scheren, von mythischen Figuren oder Unheimlichem. Hier herrscht eine Welt jenseits heidnischer Einflüsse. Die hatte Pirmin schon hinter sich gelassen, als er gleich bei seiner Landung auf Sindleozesauua die heidnischen Schlangen der germanischen Mythologie symbolisch vertrieb.

Die ottonischen Malereien in Chor und Westapsis sind allerdings verloren gegangen. Das Weltgericht, das wir stattdessen heute in der Westapsis sehen, hat ein Konstanzer Maler namens Mohr im Jahr 1708 gemalt.

Wenn man sich nun vorstellen will, wie das verlorene Original in der Apsis vielleicht ausgesehen haben könnte, braucht man nur ans andere Ende der Insel nach Niederzell zu fahren. Dort hatte Bischof Egino, ein Verwandter Königin Hildegards, einer Gemahlin Karls des Großen, um 800 die Kirche Sankt Peter und Paul errichten lassen. Dreihundert Jahre später wurde dieser Vorgängerbau nach mehreren Bränden abgerissen und die jetzige dreischiffige Säulenbasilika errichtet. Die brannte nie ab, so dass die Dachbalken noch heute aus dem Holz jener Tage bestehen. Und das kann man geradezu unheimlich genau bis auf's Jahr beweisen: Untersuchungen haben ergeben, dass die Bäume des Dachstuhls zwischen 1080 und 1134 gefällt wurden.

Zwei Frauen sprechen soviel »plapla«, dass es auf keine Kuhhaut passt – ein Wandgemälde in Sankt Georg aus dem 14. Jahrhundert

Das Fresko im mittleren Chorgewölbe konnte man ebenfalls durch moderne Untersuchungsmethoden datieren. Es ist zwischen 1104 und 1126 entstanden, zu einer Zeit also, als die Staufer sich gerade anschickten vom Hohenstaufen aus nach Macht und Ansehen zu streben.

Es ist das letzte große (erhaltene) Werk der Reichenauer Malerei und noch ganz in jener Welt des byzantinischen Glaubens verhaftet, in dem die schöne Irene von Byzanz aufgewachsen war, bevor sie nach Schwaben kam. Christus nicht als Heiland und nicht als Leidensmann, sondern als Pantokrator, als Allherrscher, segnend in der Mandorla, umgeben von den Evangelisten und fußend auf den zwölf Aposteln des Neuen und den zwölf Propheten des Alten Testaments.

Ich will damit meine Lockungen, zur Reichenau zu pilgern, beenden. Es fehlt noch Mittelzell mit dem Marienmünster, das vor rund 1200 Jahren seinen Anfang nahm und dessen »normannischer« offener Dachstuhl seit der Restaurierung von 1964 – 1970 für neue Aspekte und Diskussionen sorgt. Das mag sich jeder selber erobern. Alles zusammen ist seit August 2001 in die Liste des UNESCO-Weltkulturerbes aufgenommen. Recht so!

Die Säulen der Bogenfensterreihen in der Wimpfener Pfalz sind alle sehr unterschiedlich gestaltet.

Die schwäbische Kaiserpfalz

Bad Wimpfen

Auch wenn sich das Städtchen seit 1930 stolz »Bad« nennt – das Besondere und Einmalige ist nun mal die Kaiserpfalz, die Friedrich Barbarossa im Jahr 1182 gründete. Und sie macht heute noch etwas her, wenn man sie oben auf dem Berg liegen sieht mit ihren beiden wuchtigen Türmen, dem Treppengiebel des Steinernen Hauses und den Resten des Palas dazwischen. Das Ganze mit einer Länge von zweihundert und einer Tiefe von 85 Metern – einst die größte staufische Kaiserpfalz nördlich der Alpen.

Selbstverständlich waren vorher schon die alten Römer hier gewesen und hatten wie in Lorch einen Schutzwall gegen die Barbaren gebaut, den die Kenner in diesem Fall den obergermanischen Limes nennen. (Dieser Grenzwall liegt aber ein gutes Stück im Osten.) Außerdem schlugen sie eine Brücke über den Neckar, und man weiß sogar auch wann. Bei Grabungen fand man Mitte der 1980er-Jahre einen

Der »Blaue Turm« wacht über die Altstadtgassen von Bad Wimpfen.

Eichenbalken, der genau eintausendneunhundert Jahre alt war – die Dendrochronologie macht's möglich.

Und ebenso selbstverständlich waren dann später, im 10. Jahrhundert, die Ungarn mordend und brennend in den Neckarraum eingebrochen, wie anderswo halt auch. Nur dass sie hier mit einer schauerlichen Geschichte im Gedächtnis blieben. Nachdem sie die Stadt zerstört und alle Männer getötet hatten, so der empörte Chronist, schändeten sie die Frauen und schnitten ihnen die Brüste ab, damit die fürderhin keine Kinder mehr säugen könnten. Von dieser »Weiberpein« komme darum auch der Namen »Wimpfen«. Da ist vermutlich kein Wort wahr, denn ebenso gut lässt sich der Ortsname aus dem keltischen »uimpe« für umwallt und »bin« für Berg ableiten, so dass Wimpfen umwallter Berg oder Wall am Berg heißen könnte.

Und das war es ja auch: Wimpfen am Berg, wie es heute noch heißt, war praktisch eine Burg, im Osten vom Roten Turm und im Westen vom Blauen Turm begrenzt. Dazwischen der Palast, die Pfalzkapelle und eines der ältesten, mit Sicherheit aber das größte heute noch erhaltene profane Gebäude Deutschlands, das »Steinhaus«. Heute ist in diesem steinernen Zeugnis ein Museum untergebracht.

Auch wenn sich jetzt zwischen den Türmen, wo einst die Pfalzgebäude standen, Wohnhäuser befinden – hier in Wimpfen wird alte Geschichte lebendig. Barbarossa hat hier residiert, von seinem Sohn Heinrich VI. sind drei Aufenthalte in Wimpfen nachweisbar. Der große Staufer Friedrich II. war sogar achtmal hier, obwohl er die meiste Zeit seines Lebens in Italien zubrachte.

Von einem dieser Aufenthalte muss ich ausführlich erzählen. Es war die Strafexpedition, die Kaiser Friedrich II. im Jahr 1235 nach Deutschland unternahm, um seinen Sohn, König Heinrich VII., zu bestrafen.

Und das ist die Geschichte: Friedrich II. war wenige Monate nach der Geburt ebendieses Heinrichs als Sieb-

Teile der »Kaiserwohnung« und des Palas der ehemaligen Wimpfener Pfalzanlage

zehnjähriger aus Italien zur Krönung nach Deutschland gezogen. Vier Jahre später, im Jahr 1216, hatte er dann seine Frau Konstanze mit seinem Sohn Heinrich nach Deutschland nachkommen lassen, wo der Vierjährige zum deutschen König gekrönt wurde.

Die folgenden vier Jahre waren die einzige Zeitspanne, in der Heinrich bei Vater und Mutter lebte. Als Friedrich II. 1220 aus Deutschland abreiste, um sich in Rom zum Kaiser krönen zu lassen, blieb der achtjährige Heinrich zurück und wuchs wie ein Waisenkind unter schwäbischen und pfälzischen Ministerialen auf. Seine Mutter hat er nie wiedergesehen, seinen Vater erst zwölf Jahre später, als der Streit zwischen ihnen bereits ausgebrochen war.

Der Konflikt bestand darin, dass Heinrich, nachdem er mit 18 Jahren die Königsherrschaft übernommen hatte, eine fürstenfeindliche Haltung einnahm, die sein Vater nicht dulden wollte und konnte. Im Grunde war es ein pubertärer Konflikt: Der junge König wollte sich einfach gegen das übermächtige Vaterbild durchsetzen. Heinrich wurde nach Italien zitiert, musste klein beigeben und vor den Fürsten schwören, nichts gegen sie zu unternehmen. Zutiefst in seinem Stolz verletzt, empörte sich Heinrich jetzt erst recht und verbündete sich mit den Lombarden, den Erzfeinden des Vaters – in »knabenhaftem Trotz«, wie Friedrich II. später schrieb.

Für den Kaiser wurde eine Strafexpedition gegen seinen eigenen Sohn fällig. Und so zog Kaiser Friedrich II. zwar ohne Heer, aber dafür mit größeren Geldsummen zur Förderung kaisertreuer Gesinnung nach Deutschland. Angesichts des exotischen Pomps herrschte schnell wieder ehrfürchtige Ordnung im Reich, »denn es folgten ihm viele Quadrigen mit Gold und Silber beladen, mit Batist und Purpur, mit Gemmen und köstlichem Gerät« – ganz abgesehen von dem Zoo, den er stets auf Reisen mit sich führte. So hatten etwa die verschreckten Klosterbrüder von Sankt Zeno in Verona im Jahr 1241 einmal

Der Treppengiebel des »Steinernen Hauses«

nicht nur den Kaiser, sondern zusammen mit ihm »einen Elefanten, 24 Kamele und 5 Leoparden« als Schlafgäste.

Auch in die Kaiserpfalz Wimpfen zog Kaiser Friedrich am 2. Juli 1235 mit einer ähnlichen Menagerie ein: »Er führte mit sich Kamele, Maultiere und Dromedare, Affen und Leoparden, auch viele Sarazenen und dunkle Äthiopier, die sich auf mancherlei Künste verstanden und als Wache dienten für Geld und Schätze.« Der berühmte Elefant war allerdings diesmal nicht dabei, dafür aber, wie Albertus Magnus erzählt, ein höchst wunderbares Tier, das man in Europa noch nie gesehen hatte: eine Giraffe.

Als der Kaiser mit diesem Zoo und umschwärmt von seinen Mohren in Wimpfen ankam, wollte sich ihm dort sein Sohn Heinrich VII. zu Füßen werfen. Der Kaiser aber blieb hart. Ohne viel Federlesens ließ er seinen Sohn in den Kerker stecken. Die Troubadoure erzählten: Morgens, als man ihm die Rüstung abnahm, habe er noch gesungen, aber als man ihm abends das Essen brachte, bitterlich geweint.

Ein rührender Schluss, aber noch nicht das Ende der Geschichte. Wie die weitergeht, erfährt man in Worms, wo Kaiser Friedrich II. eine Woche später ankam.

Freiheit – Enge – Pestilenzen

Leben in der Stadt

Wie man zur Stauferzeit in den Städten lebte, können wir durch Beschreibungen, Gemälde und zufällig erhaltene Grundrisse einigermaßen rekonstruieren. Nichts davon stimmt mit unseren heutigen Vorstellungen überein.

Die Stadthäuser zum Beispiel waren ursprünglich nichts anderes als eng nebeneinander gebaute Bauernhöfe, wie sie heute noch in Norddeutschland zu finden sind: In der Mitte die durchgehende Diele mit dem großen Tor, an den Rändern dann kleine Räume für Menschen und Vieh, das alles unter einem Dach.

Dieser lange Rechteckbau wurde im Grundriss unverändert als Stadthaus übernommen, wobei die Schmalseite mit dem großen Tor nach der Straße zu stand, so dass die Längsseiten des Gebäudes wegen der Nachbarhäuser kaum Licht und Luft erhielten.

Die große Diele, in die man mit dem Heuwagen einfahren konnte, blieb erhalten, verlor aber ihre Funktion als zentrale Herdstelle und Küche, weil der Rauch wegen der Stockwerke nicht mehr durchs Dach abziehen konnte. Erst jetzt entstand, meist in einem fensterlosen Raum an die Wand gedrängt, die eigentliche Küche mit dem Kamin, während die Diele in den oberen Stockwerken zum Flur wurde, von dem die Räume seitlich abgingen.

Das klingt logisch, aber diese Entwicklung ist längst nicht so selbstverständlich, wie sie uns heute vorkommt. Es ist ja gerade das Typische an Burgen, die sich nicht aus dem Bauernhaus entwickelt haben, dass sie keinerlei Flure besitzen, so dass die einzelnen Räume, wie auch heute noch in Schlössern, immer nur über andere Zimmer erreicht werden können.

Dass man in den Städten überhaupt in die Höhe bauen musste, lag an der meist drangvoll-fürchterlichen Enge, die durch den starren Gürtel der Stadtmauer bedingt war. Zwar waren Städte wie Rottweil auf Zuwachs gebaut und hatten innerhalb der Mauern noch freie Flächen. Da aber die Städte gerade in jener Zeit ständig wuchsen, kam es zu der paradoxen Situation, dass die von einer geradezu menschenleeren Landschaft umgebenen Städte dermaßen unter der Enge litten, dass man schon zu Barbarossas Zeiten in Deutschland dreistöckige, in Paris sogar vierstöckige Häuser errichtete.

Gebaut waren die Häuser aus Holz oder Fachwerk, gedeckt mit Holzschindeln oder Stroh. Erst unter dem Eindruck verheerender Feuersbrünste ordneten einzelne Städte an, dass die Häuser aus Stein gebaut werden müssten. Andere Städte blieben beim Fachwerk, verlangten aber, dass wenigstens die Häuser an den Hauptstraßen mit Ziegeln oder Schiefer zu decken seien. Außerdem versuchte man, durch den Einbau von Brandmauern ein Übergreifen zukünftiger Brände zu verhindern.

Solange aber die Giebel der Bürgerhäuser wie ein Sägezahnmuster zur Straße hin standen, nützten auch die Brandmauern nicht viel. Deshalb wurde in vielen Städten des 15. Jahrhunderts, also lange nach der Stauferzeit, der Dachfirst um 90 Grad gedreht. Dadurch entstanden die Häuserzeilen mit der Dachrinne zur Straße hin, wodurch das Bild vieler Städte entscheidend verändert wurde.

Mit Romantik hatte das Leben in einer mittelalterlichen Stadt nichts zu tun. Zumindest im Winter muss es höchst strapaziös gewesen sein, denn Glasfenster oder ordentlich heizbare Räume gab es damals noch nicht: Es war zugig, dunkel und kalt.

Als Scheiben benutzte man gefirnisstes Pergament, geölte oder gewachste Leinwand, Ölpapier oder Tierblasen, die man in die Fensterrahmen spannte. Zwar gab es schon Glas, aber das konnten sich nur die Reichen in einzelnen Fenstern leisten. Und dann war es auch kein Fensterglas, wie wir es kennen, sondern bleigefasste Butzenscheiben, die zwar das Licht hereinließen, aber keinen Blick nach draußen gestatteten. Erst allmählich wurden Glasfenster auch in den einfachen Häusern üblich, wie wir um 1180 aus England erfahren.

Die Bauern lebten selbstverständlich in einem einzigen Raum, der Kate. Aber auch die reichen Städter oder Ritter hatten manchmal sogar nur zwei Zimmer für die ganze Familie. Die elterliche Privatsphäre bestand bestenfalls aus dem Bettkasten, einem kastenförmigen Verschlag, den man durch Vorhänge oder Holztüren schließen konnte. Das Himmelbett erinnert noch an dieses kleine Holzhäuschen im Haus.

Alle übrigen schliefen, nach Geschlechtern getrennt, auf gemeinschaftlichen Strohlagern. Einzelbetten waren ein Luxus, der erst viel später aufkam. In einer pfälzischen Handschrift des Rolandslied wird selbst Kaiser Karl der Große auf der Erde schlafend dargestellt.

Die Wohnungseinrichtung in jenen Tagen war denkbar einfach. Der Fußboden bestand aus gestampftem Lehm, aus Holzbohlen oder aus Estrich, einem Kalk- oder Gipsmörtel, der bis zu zehn Zentimeter dick auf den Bretterboden aufgetragen, geglättet oder bei feinen Leuten auch mit gemusterten Tonfliesen ausgelegt wurde.

Um der Bodenkälte zu entgehen, waren die Stühle im Mittelalter so hochbeinig, dass man nur über eine Fußbank auf ihnen zum Sitzen kam. Bevorzugt wurden dreibeinige Stühle, diese standen selbst auf den meist unebenen Fußböden immer fest. Die Sitzflächen bestanden entweder aus hartem Holz oder aus Lederriemen. Bequem waren sie allesamt nicht, obwohl der gute alte Fauteuil das vortäuschen könnte. Denn was da später als französischer Lehnstuhl zu uns kam, war nichts anderes als der mittelalterliche, mit Lederriemen bespannte Faltstuhl, das »faltestalium«, das dann zum Faudestuel und endlich zum Fauteuil wurde. Ein Sitzmöbel, das wir auch als Feldstuhl kennen.

Zum Aufbewahren hatte man Truhen, aus denen sich im Laufe der Zeit hochgestellte Kästen und daraus dann erst Schränke entwickelten. Seinen täglichen Krimskrams hing man dagegen auf Pflöcke an der Wand. Was in mittelalterlichen Zimmern fehlte, war der Esstisch. Wollte man essen, wurde eine Holzplatte hereingetragen und auf zwei Böcke gestellt. War die Mahlzeit beendet, wurde, wie man auch heute noch sagt, die Tafel aufgehoben.

Was noch am ehesten unseren Vorstellungen von den sprichwörtlichen »mittelalterlichen Zuständen« entspricht, das war die hygienische Situation. Zwar war der Badezuber durchaus bekannt und ebenso fleißig in Gebrauch wie die öffentlichen Badehäuser, die später allerdings als Freudenhäuser in Verruf kamen. Aus der Lombardei hatte man sogar eine Art Dampfbad übernommen, das die Langobarden aus ihrer nordischen Heimat nach Italien mitgebracht hatten und das wir heute noch als Sauna kennen. Damals stand allerdings nicht die Belebung des Kreislaufes im Vordergrund. Da man in diesem Badezimmer das Wasser zu Dampf zerstäubte, nannte man diesen Raum die »stuba«, unsere heutige Stube, unter der man später einfach ein heizbares Gemach verstand.

Im Übrigen aber waren, vor allem in den Städten, die hygienischen Verhältnisse verheerend. Es gab keinerlei Kanalisation. Klöster und Burgen konnten sich einigermaßen behelfen, indem sie weit genug entfernt Abtritte bauten. Oder man errichtete an der Burgmauer hoch über dem Graben jene im Winter eiskalten Erkerchen, die durchaus nicht nur ästhetische Funktionen erfüllten.

In den Städten dagegen waren die Gruben nicht nur eine ständige Geruchsbelästigung, sondern oft genug auch Herd der zahlreichen »Pestilenzen«, womit man damals summarisch alle Seuchen bezeichnete. Die sonstigen Abfälle warf man einfach vor die Haustür oder in die Gräben und Bäche, die man durch die Straßen leitete. Dafür mussten diese Wege »mindestens einmal im Jahr« gereinigt werden. Da sie in den allerseltensten Fällen gepflastert waren, kann man sich vorstellen, welchen Nutzen eine solche jährliche Kehrwoche hatte.

(Nur zum Vergleich: Als man das im Jahr 79 nach Christus im Ascheregen untergegangene Pompeji ausgrub, stieß man auf gepflasterte Straßen und Fußwege, von der Kanalisation ganz zu schweigen. Die Deutschen dagegen brachten in all ihrer herrlichen Geschichte nicht einmal ein eigenes Wort für Straße zustande – das Wort stammt aus dem Lateinischen.)

Großmächtig ragt der Dom mit seinen vier Türmen und zwei Kuppeln über die niedrige Dachlandschaft von Worms hinaus.

Deutschlands beste Stadt

Worms

Es gibt Orte und Städte, die über die Zeiten hin Ereignisse geradezu magisch anziehen. Worms – die »civitas vangionum« der Römer – ist eine solche Stadt. Seit dem 4. Jahrhundert christlicher Bischofssitz, war sie schon in der Zeit der Völkerwanderung Hauptstadt des allerdings kurzlebigen Burgunderreiches und der Nibelungen. In der Folge blieb sie Zentrum, ohne Hauptstadt zu sein: Worms, mit mehr als 100 Reichs- und Fürstentagen zwischen dem 8. und dem 16. Jahrhundert, war die wichtigste Stadt Deutschlands, nachdem die Staufer sie zum zentralen Stützpunkt des Reiches gemacht hatten.

Hier in Worms wurde im Jahr 1122 durch das berühmte »Wormser Konkordat« der so genannte Investiturstreit zwischen Kaiser und Papst beigelegt, in dem es darum gegangen war, wer die Bischöfe einsetzen durfte.

Hier in Worms wurde 1495 unter Kaiser Maximilian der so genannte »Ewige Landfrieden« geschlossen, in dem man sich auf die Einsetzung von Reichsgerichten einigte.

Hier in Worms sprach 1521 Martin Luther bei der Verteidigung seiner neuen Lehre das legendäre »Hier stehe ich, ich kann nicht anders«.

Hier in Worms ist nicht nur der älteste erhaltene jüdische Friedhof Europas mit über 2000 Gräbern, hier steht auch seit dem Jahre 1130 der Dom, der neben Mainz und Speyer als eines der eindrucksvollsten Beispiele hochromanischer Baukunst gilt.

Um nun wieder auf unsere Staufer zu kommen: Für dramatische Aufführungen war Worms schon immer gut. Das Nibelungenlied erzählt ja, wie Brünhild und Krimhild sich vor dem Eingang zum Münster in ihrer Eifersucht um Siegfried gegenseitig beleidigten. Statt Brünhild den Vortritt zu lassen, betrat Krimhild als Erste das Münster zum Vespergottesdienst, weinend folgte ihr Brünhild. Hagen schwor, ihr Weinen an Siegfried zu rächen, und so nahm das Unglück seinen Lauf.

Und da sind wir beim Stichwort Unglück wieder mitten in der Geschichte mit Friedrich II. und seinem aufsässigen Sohn Heinrich.

In der ersten Juliwoche des Jahres 1235 war Kaiser Friedrich II. mit seiner Menagerie von Wimpfen nach Worms gezogen, um sich in aller Öffentlichkeit zweimal in Szene zu setzen: zum einen, um zum dritten Mal zu heiraten, zum anderen, um hier über seinen Sohn zu Gericht zu sitzen. Als Aufrührer musste Heinrich VII. sogar mit dem Tod rechnen.

Als man ihn in Gegenwart vieler Fürsten, Grafen und Adligen vor den Kaiserthron brachte, warf er sich daher vor seinem Vater auf den Boden und flehte um Gnade. Aber niemand, am wenigsten der Kaiser, machte Miene, ihn zum Aufstehen aufzufordern. In drückendem Schweigen lag Heinrich lange Zeit, die Stirn auf den Boden gepresst, bis ihm schließlich, auf Einspruch einiger Fürsten, der Kaiser befahl, sich aufzurichten. Stehend hörte der 24-Jährige seinen Urteilsspruch: lebenslange Gefangenschaft.

Er kam zunächst nach Heidelberg in den Kerker und wurde dann nach Apulien geschafft, wo er in verschiedenen Gefängnissen untergebracht wurde. Sieben Jahre später, als man ihn mal wieder in ein anderes Gefängnis verlegte, stürzte er mit seinem Pferd schwer und starb an den Verletzungen. Das geschah am 10. Februar 1242, Heinrich war 31 Jahre alt. Vielleicht war es auch Selbstmord gewesen, denn einige Quellen berichten, er habe sich vom Pferd oder gar mit dem Pferd in eine Schlucht gestürzt. Er wurde im Dom zu Cosenza, in einen Königsmantel gehüllt, beigesetzt.

Als man Kaiser Friedrich II. die Todesnachricht überbrachte, wurde aus dem Tyrannen, der die Staatsrai-

Fast mystisch wirkt das Licht im Westchor des Wormser Doms.

son vertrat, wieder der Vater. »Wer könnte die strömenden Bäche der Tränen zurückhalten«, schrieb er. Und in einem anderen Brief: »Das Leid des liebenden Vaters hat die strenge Stimme des Richters verstummen lassen. Tief müssen wir das Geschick unseres erstgeborenen Sohnes Heinrich betrauern, und die Natur trieb eine Flut von Tränen aus unserem Innersten, die bisher der Schmerz über die Kränkung und die Starre der Gerechtigkeit zurückgehalten hatten.«

Worms: Das ist aber auch jener Sonntag, der 15. Juli des Jahres 1235, als Kaiser Friedrich II. in Anwesenheit von vier Königen, elf Herzögen und dreißig Grafen und Markgrafen, dazu Kirchenfürsten und zahllosen Rittern im Dom in dritter Ehe die bildschöne 21-jährige Isabella von England heiratete. Sie war die Tochter des englischen Königs Johann Ohneland (ein Bruder von Richard Löwenherz) und die Schwester des regierenden Königs Heinrich III. von England, alle aus dem Geschlecht Anjou-Plantagenet. Ein Glasfenster im Dom erinnert noch heute an das Ereignis.

Auch hierzu gibt es eine Geschichte. Die Brautschau hatten zwei Deutschordensritter in London gehalten und waren beglückt: »Nachdem sich diese einige Zeit an ihrem Anblick geweidet und sie des kaiserlichen Ehebettes in allen Stücken für würdig erkannt hatten, bekräftigten sie im Namen des Kaisers das Ehebündnis durch einen Eid und boten ihr in seinem Namen den Verlobungsring.«

Das englische Königshaus stürzte sich daraufhin in Unkosten, und der Chronist berichtet von einer Krone aus feinstem Gold, von goldenen Ringen, kostbaren Steinen, dem kostbaren Brautbett »mit seinen bunten Decken und Kissen und Laken

In Worms befindet sich einer der ältesten jüdischen Friedhöfe Deutschlands.

von feinster Leinwand«, dem goldenen Tafelgeschirr und, was nicht nur dem Chronisten unsinnig erschien, selbst die Kochtöpfe waren aus reinem Silber.

Im Triumphzug war die schöne Isabella über Antwerpen und Köln nach Worms gebracht worden, wo sie der Kaiser, umgeben von seiner Menagerie, erwartete, damit, wie der Chronist es formulierte, »das bereits geschlossene Ehebündnis durch die fleischliche Erkennung vollzogen werde«. Die Feierlichkeiten dauerten vier Tage und Kaiser Friedrich II. war zufrieden: »Gefiel sie ihm schon bei dem leiblichen Anblick, so noch viel mehr in den Freuden des Ehebettes.«

Währenddessen saß König Heinrich VII. im Turm »Luginsland« gefangen und konnte über die seltsamen Wege des Schicksals nachdenken: Jene Isabella von England, die sein Vater heiratete und die damit seine Stiefmutter wurde, hätte eigentlich seine Frau sein sollen. Er hatte vor zehn Jahren um sie geworben, war aber abgelehnt worden.

Nun war es eben sein Vater, Kaiser Friedrich II., der als Dank für Isabella dem englischen König nebst anderen Kostbarkeiten drei lebende Leoparden sandte und damit an das staufische Wappen mit den drei schreitenden Löwen erinnerte.

Speyer – einst Zentrum staufischer Herrschaft am Rhein

Wo Kaiser und Könige ruhen

Speyer

Kommt man vom Rhein her, bietet sich ein wahrhaft erhebender Anblick, wenn man so nah am Ufer die vier Türme und zwei Kuppeln des lang gestreckten Doms aufsteigen sieht – ein Anblick, der im mittelalterlichen Speyer mit seinen niedrigen Häusern noch viel großartiger, ja geradezu überwältigend gewesen sein muss.

Es war ein Gotteshaus, das geradewegs in den Himmel ragte: Allein schon das Mittelschiff war mit seinen 33 Metern lichter Höhe so hoch wie heute ein zwölfstöckiges Gebäude. Mit einer Länge von 134 Metern und einer Breite von fast 40 Metern war der Dom vor 900 Jahren sogar das größte Bauwerk des Abendlandes. Ein Kirchengebirge aus Stein.

Die Stadt am Rhein war daher bei den Staufern so beliebt wie keine andere. Und es gibt keinen Ort, an dem so viele Staufer so oft waren wie in Speyer. Hier, im Schatten des Kaiserdoms, fanden mehr als 50 Reichstage statt. Hier rief Bernhard von Clairvaux an Weihnachten 1146 zum Zweiten Kreuzzug auf, an dem dann der Schwabenkönig Konrad III., der junge Friedrich Barbarossa und mehrere tausend Ritter teilnahmen.

Hier im Dom, in der Grablege der Salier-Kaiser, und nirgendwo anders, und schon gar nicht in Lorch, ließen sich die Staufer beisetzen. Der Bau war um das Jahr 1030 unter dem salischen Kaiser Konrad II. begonnen worden. Dreißig Jahre später war das Gotteshaus vollendet. Aber kaum 20 Jahre nach der Weihe, also um 1080, begann Kaiser Heinrich IV., der Enkel Kaiser Konrads, die Kirche zur heutigen Form umzubauen.

Kunsthistoriker können gar nicht deutlich genug all die sensationellen Neuerungen dieses Umbaus herausstreichen, Neuerungen, die bis in die Gotik hinein ihre Nachahmer fanden. Das geht von den Vierungsbögen, den gewölbten Seitenschiffen bis hin zur Gestaltung des Langhauses, um nur einiges zu nennen. Wen das näher interessiert, der sollte vorher etwas dazu lesen, denn es gilt nach wie vor: Man sieht nur, was man weiß.

Hier nur ein Beispiel: Was man beim Betreten sieht und spürt, ist das erhebend Feierliche des hohen Kirchenschiffes. Nur: Wie wird dieser feierliche Eindruck erreicht?

Das beeindruckende Mittelschiff – und das ist etwas Besonderes in der romanischen Kirchenbaukunst – wird in Speyer durch die aufwärts strebenden, den Pfeilern der Arkaden vorgelagerten Halbsäulen bestimmt, die die Wandgeschosse vom Boden bis zur Decke zusammenfassen. Diese Halbsäulen führen von der Pfeilerbasis hoch zur Obergadenwand mit den nazarenischen Gemälden und darüber hinaus, um die Obergadenfenster herum, so dass der Eindruck von aufgereihten Riesenarkaden entsteht, die an römische Aquädukte erinnern.

Die Größe der Fenster – bei romanischen Kirchen ganz ungewöhnlich – ist dabei keine Nachbesserung der Gotik. Hier ist sie übernommen von der klassischen römischen Basilika, also durchaus ursprünglich. So entstanden zwölf in die Höhe strebende Wandarkaden, die zusammen mit den lichteinlassenden großen Fenstern den Eindruck des Mittelschiffes bestimmen, das auf den ersten Blick geradezu gotisch anmutet.

Man sollte sich also erst einmal in eine der letzten Bankreihen setzen und das lange Schiff und den hohen Chor in seiner Klarheit und Feierlichkeit auf sich wirken lassen – und das Gleiche sehen wie die Menschen, die auch schon vor 900 Jahren hierher gekommen sind.

Und doch: Wirklich alt sind nur die drei weiß-rot gebänderten Gurte in der Wölbung und die dazugehörigen Pfeiler. Wir können von Glück reden, dass der Dom überhaupt noch steht.

Der große Kaiserdom von Speyer beherrscht die weite Rheinebene.

Das hat aber nichts zu tun mit dem Zweiten Weltkrieg und den Bomben. Verwüstet, niedergebrannt und zum Teil brutal gesprengt wurde der Dom von den Truppen des französischen Königs Ludwig XIV. während des Pfälzischen Erbfolgekrieges – und das war im Jahr 1689.

Der fehlende westliche Teil wurde zwar später im barocken Stil wieder aufgebaut. Doch dann kam schon die nächste Welle der Zerstörung: 1789 wütete die aufgebrachte revolutionäre Menge (es war ja schließlich gerade Französische Revolution) in der Kirche und zerschlug die Altäre. Mit dem Ergebnis, dass man 1806 drauf und dran war, diesen einmaligen Dom ganz abzureißen und als Steinbruch zu verwenden.

Gerettet hat ihn der bayerische König. Als die Pfalz nach dem Wiener Kongress 1815 an Bayern fiel, ließ König Ludwig I. die Kirche wieder herrichten – aber wie! Auf seine Anordnung hin wurde der Dom im Nazarener-Stil bunt ausgemalt und der Westchor in neuromanischer Manier neu aufgebaut.

Und so präsentiert sich der Dom noch heute: Die Eingangsfassade erinnert an einen aufgeputzten Bahnhof, und bevor man das ehrwürdige Kirchenschiff betritt, muss man eine Schreckenshalle im Stil des historisierenden 19. Jahrhunderts mit Statuen wie (na was denn sonst!) »König Ludwig auf dem Thron« durchqueren. Kunstwerke, an denen auch Kaiser Wilhelm seine helle Freude gehabt hätte (oder gar gehabt hat).

Das Kirchenschiff, der feierlich ansteigende Altarraum, die hohe Vierung – das alles versöhnt einen wieder, lässt einen Größe und Glanz ahnen (auch wenn noch einige der Nazarenerbilder übrig sind und obwohl der Dom seit der Jahrtausendwende gerade wieder einmal grundlegend saniert werden muss).

Der einzige, wirklich ursprüngliche und unveränderte Teil des Doms ist die Krypta. Sie ist so riesig, dass man drei ordentliche Dorfkirchen daraus machen könnte. Trotz der Größe spürt man hier das Schützende, Bergende, fast auch Enge einer romanischen Kirche, grad so wie man es erwartet und wie man es kennt. Hier wird man nicht erhoben, hier kann man in sich einkehren.

Da also liegen sie, die acht Kaiser und Könige sowie die vier Königinnen, in einem erhöhten Teil abgetrennt, eng nebeneinander: der Salier Konrad II., der 1024, bald nach seiner Wahl zum König, mit dem Bau des Domes begonnen hatte und Kaiserin Gisela, seine Frau. Hier liegen die Salier-Kaiser Heinrich III., Heinrich IV. (genau: Canossa) und Kaiser Heinrich V.

Hier ruhen auch die Staufer – Kaiserin Beatrix, die zweite Frau Kaiser Barbarossas, seine Tochter Agnes und sein Sohn, König Philipp von Schwaben. Wir erinnern uns: Philipp war nach seiner Ermordung in Bamberg zunächst dort beigesetzt worden. Kaiser Friedrich II. hatte dann 1215 die Umbettung veranlasst – nicht etwa nach Lorch, wo Philipps Frau, die schöne Griechin Irene begraben liegt, sondern nach Speyer.

Die Türme des Speyrer Doms überragen die geduckten Altstadthäuser.

Die zwei größten Staufer allerdings haben ihre Grabstätten woanders gefunden: Kaiser Friedrich II. wurde in Palermo in einem riesigen Porphyrsarg beigesetzt, das Grab Kaiser Friedrich Barbarossas kennen wir nicht.

Dabei hatte Barbarossa seinen Grabplatz längst festgelegt. Nicht in Lorch, sondern in Speyer, zu Häupten des Domgründers Konrad II. wollte er liegen. Aber es kam dann anders. Als er auf dem Dritten Kreuzzug am 10. Juni des Jahres 1190, einem Sonntag, jenseits des Taurusgebirges in der Ebene von Seleukia den Fluss Saleph (heute Gök-Su) überqueren oder in ihm baden wollte, ertrank er in den Fluten. Wir wissen nicht, ob er an einem Hitzschlag starb, ob ihn die schwere Rüstung ins Wasser zog oder ob das Pferd scheute. Die Chronisten berichten unterschiedlich.

Sicher ist nur, dass sein Sohn Friedrich von Schwaben ihn in Jerusalem beerdigen wollte. Entsprechend den Konservierungsmöglichkeiten des Mittelalters hatte man den Kaiser in ein Fass mit Essig gesteckt. Die erhoffte Wirkung blieb aus. So wurden die verderblichen Teile des Kaisers eilig in der Peterskirche von Antiochia beigesetzt, die Knochen dagegen in der Kathedrale von Tyrus. Beide Gräber gingen verloren.

Die Legende hat den als geheimnisvoll empfundenen Tod des Kaisers denn auch nicht akzeptiert und Barbarossa in den Kyffhäuser versetzt, von wo aus er in Zeiten der Not das Reich wieder zu altem Glanz führen wird.

Die vieltürmige Silhouette des Mainzer Doms

Barbarossas großes Hoffest

Mainz

Speyer – Worms – Mainz – das sind die drei Städte entlang des Rheins, die mit ihren romanischen Domen – den ältesten monumentalen Gewölbebauten Deutschlands – in einem Atemzug genannt werden. Aber nicht des Domes wegen sind wir hier im alten »mogontiacum« der Römer, sondern weil wir jetzt mit Kaiser Friedrich Barbarossa das aufwändigste aller Hoffeste feiern.

Es ist das Pfingstfest des Jahres 1184 und es ist ein kaiserliches Fest, wie es zuvor noch nie begangen worden war. Aus Italien, Frankreich, Spanien und Ungarn waren Ritter hoch zu Ross angereist. Aus Deutschland Fürsten, Erzbischöfe, Bischöfe und Priester.

Verborgenes Weltgericht: das Leichhofportal

Gekommen waren die Herzöge von Sachsen, Böhmen, Österreich, der Steiermark, aus Oberlothringen und Brabant, erschienen waren Berthold IV. von Zähringen und der junge Ludwig aus Bayern, umgeben von Grafen, Edlen und Ministerialen nebst riesigem Gefolge.

So war der Herzog von Böhmen gleich mit 2000, der Kölner Erzbischof mit 1700 Rittern eingetroffen. Auch viele andere kamen mit tausend Mann, um sich und dem Kaiser die Ehre zu erweisen. Von Zeitgenossen wurde die Teilnehmerzahl jedenfalls auf mindestens 40 000 geschätzt, manche schrieben sogar von 70 000 Menschen.

Jedenfalls waren es so viele, dass man von vornherein außerhalb der Stadt auf dem rechten Rheinufer nördlich des Mains, auf der Maraue, ein riesiges Zeltlager aufgebaut hatte. In dessen Mitte waren extra aus Holz eine kaiserliche Pfalz und eine große Kirche errichtet worden.

Es war ein Fest von solch erlesenem Glanz und strahlender Üppigkeit, eine solche Heerschau der Edlen, die ihrem Kaiser und König huldigten, dass die Minnesänger mit ihren Vergleichen bis zu den Zeiten von König Artus, Xerxes und dem großen Alexander zurückgehen mussten, um Ähnliches wieder zu entdecken.

Und wozu dieses riesige Aufgebot, das für das Mittelalter einmalig gewesen sein dürfte? Friedrich Barbarossa gab zweien seiner Söhne das Schwert, oder wie es in einer alten Chronik genauer heißt: »Am Pfingstmontag wurden der Herr Heinrich, König der Römer, und der Schwabenherzog Friedrich, Söhne des Herrn Kaisers Friedrich, zu Rittern geschlagen.«

Das ganze riesige Fest war also im Grund eine Familienfeier des 62-jährigen Kaisers, der die Volljährigkeit seiner ältesten Söhne feierte: Friedrich, der Herzog von Schwaben, war 20, sein Bruder Heinrich, der schon gekrönte König und spätere Kaiser, 19 Jahre alt, als sie, begleitet von Edelknappen, vor dem Kaiser am Altar niederknieten und das Rittergelübde ablegten. Daraufhin empfingen sie Rüstung, Sporen und Panzerhemd, den Handschuh und schließlich das Schwert. Und erst dann schlug der Kaiser mit der flachen Klinge auf die Schulter des Knieenden und sagte dabei: »Im Namen Gottes, des heiligen Michael und des heiligen Georg mache ich dich zum Ritter; sei tapfer, unverzagt und getreu.«

Danach begannen die Turniere, an denen Zehntausende von Rittern teilnahmen. »Es war ein Anblick von hinreißender Schönheit«, so ein Historiker, »wenn die beiden Kämpfer in ihren blitzenden Rüstungen und wehender Helmzier auf ihren starken Kampfrossen, die bunte Decken trugen, gegeneinander sprengten. Mit krachender Wucht fuhren die stumpfen, an der Spitze durch ein ›Krönlein‹ gesicherten Lanzen gegen die Harnische. Gelang es dem Schwächeren der beiden nicht, den Stoß durch geschmeidige Bewegung zum Abgleiten zu bringen, so mußte er aus dem Sattel fallen.«

Diesen Zweikämpfen folgte eine »Phantasia« nach arabischem Vorbild, eine Reiterschlacht, deren Regeln ein französischer Edelmann im 11. Jahrhundert festgelegt hatte. Dabei ritten zwei »Heere« gegeneinander an, um sich dann in Einzelkämpfen vom Pferd zu stechen. Es war das Spiel für den Ernstfall, bei dem man Rüstung, Pferd und Reiter gewann – aber am Ende den Besiegten mit einer Verneigung wieder in die Freiheit entließ.

Königlich und rätselhaft: der »Kopf mit der Binde«. Das Fragment gehörte zu einer Skulptur, die eine liegende menschliche Figur mit kreuzförmig ausgestreckten Armen darstellte. So lagen die gewählten Könige vor ihrer Salbung durch den Erzbischof von Mainz im Domchor. Manches deutet daraufhin, dass der Kopf ein Porträt Kaiser Friedrichs II. ist.

Es war ein Fest, wie es eben nur im Mittelalter gefeiert werden konnte mit Turnieren, Ritterschlag und sonstigen exotischen Spielen – ein Fest, das aber dann doch mehr war als eine Familienfeier. Denn wer es sich leisten konnte, die Ritter und Herrscher Europas zu solch fröhlichem Prunk einzuladen und zu empfangen, war selbst mit seinem Reich und seiner Macht der Größte.

Und nun komme ich auf Umwegen doch noch zum Mainzer Dom. Schon Erzbischof Willigis hatte eher das irdische als das himmlische Reich im Sinn, als er kurz nach 975 den Bau des Domes in Auftrag gab. Der für damalige Zeiten riesige Bau entstand nämlich nicht nur aus seelsorgerischen, sondern auch aus kirchenpolitischen Gründen. Willigis, zugleich auch Kanzler des Reiches, ließ eine doppelchörige Kirche bauen.

Der Chor im Osten diente wie üblich der Verehrung Gottes, der Chor im Westen war der weltlichen Macht, dem Kaiser vorbehalten. Beide Mächte standen sich hier sichtbar, wenn auch noch friedlich gegenüber. Deutlich werden sollte aber, dass der Dom zu Mainz der Staatsdom des Reiches war.

Der Hintergrund: Es geht hier um die grundsätzliche Auseinandersetzung jener Zeit zwischen weltlicher und geistlicher Gewalt. Nach der germanischen Rechtsvorstellung bestimmte der Grundherr, also der Herzog oder König, wer auf seinem Grund und Boden das Nutzungsrecht hatte. Auf diesem Prinzip beruhte der Feudalismus. Darauf fußte aber auch die Praxis, dass der weltliche Herrscher die Geistlichen ein- und absetzte, die auf seinem Grund und Boden tätig waren.

Dieses Recht der so genannten »Investitur« machte die Kirche den Herrschern im 11. Jahrhundert streitig und bestand darauf, Bischöfe und Äbte selbst einzusetzen. Zwischen Kaiser Heinrich IV. und Papst Gregor VII. kam es darüber zum offenen Machtkampf, der 1077 im berühmten Bittgang Heinrichs nach Canossa gipfelte. Die später gefundene Kompromissformel legte fest, dass der König zwar auf die Investitur mit Ring und Stab verzichtete, dass der Gewählte aber dem König einen Treueid zu leisten hatte, woraufhin er mit dem Kirchenbesitz belehnt wurde.

Fromme Gemüter werden es daher damals als Strafe Gottes erkannt haben, dass dieser Dom am Einweihungstag – dem 30. August 1009 – abbrannte. Er wurde in etwas veränderter Gestalt unter Heinrich II. wieder aufgebaut und 1036 erneut geweiht. Es war dieser Bau, in dem während des Mainzer Hoffestes die Messen stattfanden und sich weltliche und geistliche Macht in den Chören demonstrativ und sichtbar gegenüberstanden.

Es war aber noch nicht der Bau, den wir heute kennen: Brände und kriegerische Ereignisse führten zu im-

Die Seligen – Papst, Bischof, Kaiser und ein lachender Knabe. Fragment des Westlettners im Mainzer Dom aus staufischer Zeit

mer neuen Schäden, so dass der Dom mit dem heute bekannten Westwerk erst zweihundert Jahre später, im Jahr 1239, eingeweiht werden konnte. In ihm spiegelt sich nun die Entwicklung der Romanik wider: Der schlichten, monumentalen Bauweise des Ostchores aus der Zeit der ottonischen Kaiser steht die reich gegliederte Architektur des Westchores aus dem 13. Jahrhundert gegenüber. Die Westkuppel aus staufischer Zeit sieht heute freilich eher aus wie das Kunstwerk eines Zuckerbäckers. Kein Wunder: es ist die einmalige und wundersame Verbindung von Romanik und Rokoko.

Götz-Zitat und Reichsinsignien

Krautheim

Der Bergfried von Burg Krautheim im Jagsttal

Die Götzenburg im Jagsttal und das benachbarte Kloster Schöntal kennt jeder und wenn es nur dem Namen nach ist. Jeder kennt auch den berühmten Ausspruch des Ritters mit der eisernen Hand. Dass aber dieses von Herzen gebrüllte »L. m. i. A.!« zuerst in Krautheim gehört worden sein soll, dem Nachbarort von Schöntal, das ist zumindest der unerschütterliche Glaube der Krautheimer.

Auch wenn's bei Goethe ganz anders steht und Götz im Theaterstück woanders brüllt: Die Bürger von Krautheim kennen den echten Tatort, nämlich das Schafhaus unterhalb der Burg Krautheim, und sie kennen den Angebrüllten, den Mainzer Amtmann Max Stumpf – und sie haben Recht.

In seiner köstlich-naiven Autobiographie, in der Ritter Götz von Berlichingen seine Fehden und Händel beschrieben hat, steht auch diese Geschichte: »Ich hatte den Vorsatz, mich ein wenig zu rächen und zündete mit nur sieben Reitern in einer Nacht drei Orte an. Das waren Ballenberg, Oberndorf und das Schafhaus zu Krautheim unterm Schloß, wo wir von der Mauer aus zum Schloß hinauf miteinander reden konnten.« Und dann die entscheidende Stelle: »Während ich aber unten brannte, schrie der Amtmann nur von oben herunter, und ich schrie wieder zu ihm hinauf, er solle mich hinten lecken.«

Zu dieser Burg Krautheim und an diese Stelle fahren wir jetzt, wenn auch aus anderen Gründen. Denn besser können die Staufer gar nicht ins Spiel kommen als hier. Also: Im Jahr 1115 heiratete König Konrad III., Sohn

Friedrichs I. von Staufen und Herzog von Schwaben, eine Gertrud von Comburg (bei Schwäbisch Hall) und erbte dadurch Krautheim und das Gebiet drum herum. Ein Zweig der Familie übernahm später Krautheim, und es waren die edlen Herren von Crutheim, genauer die Brüder Wolfrat, Crato und Konrad, die um 1200 auf einem Bergsporn eine Burg bauten, ganz wie es sich gehörte: mit Burggraben, Schildmauer, einem Bergfried aus Buckelsteinquadern, mit Palas und Kapelle.

Inzwischen herrschte der Staufer Friedrich II., und Wolfrat II. gehörte zum engen Beraterkreis des Kaisers. So versteht es sich nahezu von selbst, dass die Krautheimer zu Kaiser Friedrich hielten, als dessen Sohn Heinrich VII. gegen ihn revoltierte. (Wir kennen die traurige Geschichte aus Wimpfen und Worms.)

Diese kaisertreue Haltung brachte reichen Lohn. Nach der Verurteilung Heinrichs VII. wurde die Burg aufwändig und teuer ausgebaut. Die Krautheimer wurden zu Erziehern von Friedrichs Sohn, dem jungen Konrad (später der IV.), ernannt. Und sie wurden, noch immer nicht genug, als Reichsräte unter Erzbischof Siegfried III. von Mainz mit der Regierung Deutschlands betraut.

Was aber nun wirklich ein Hammer des Kaisers war, der selbst »Hammer der Welt« genannt wurde: Es spricht einiges dafür, dass Kaiser Friedrich II. den Krautheimern vor seiner Rückkehr nach Italien die Reichskleinodien – Krone, Reichsapfel und Zepter – zumindest zeitweilig zur Aufbewahrung übergab. Die üppig ausgestaltete Kapelle, der plötzliche aufwändige Ausbau der Burg, das Treueverhältnis der Burgherren und ihre Stellung im Reich legen dies jedenfalls nahe.

Pflanzen- und Figurenornamente am Portal zum Palas

Jetzt betreten wir die Burg mit ganz anderen Gefühlen. Sie ist ja nun nicht mehr eine der vielen kleinen Burgruinen, wie sie in Massen herumstehen. Sie ist ein geschichtsträchtiger Ort. Ich sehe Kaiser Friedrich mit seiner Menagerie über die Zugbrücke reiten, ich komme mir vor wie im Londoner Tower, wo die Reichskleinodien mit ihren Edelsteinen funkeln und glitzern.

Dabei ist Krautheim eine kleine, nette, unauffällige Burg, der man so etwas Pompöses gar nicht zutraut. Die eine Hälfte, das Schloss mit dem Blick ins Tal und dem Sandkasten im kleinen Garten, ist noch bewohnt. Die andere Hälfte, die Burg, dekorativ in Trümmern.

Auf unserer Stauferjagd neu ist dabei die so genannte Schildmauer. Das ist eine fensterlose, mindestens zweieinhalb Meter dicke und nahezu 20 Meter hohe Mauer, die die Burg gegen die Bergseite hin wie ein Schild vor dem Feind schützt. Im Burghof steht, direkt an die Schildmauer angebaut, der Palas mit Kapelle und auf der anderen Seite des Eingangstores der Bergfried, über acht Meter dick und heute noch 30 Meter hoch – das ist alles.

Rühmenswert und knipsbar sind dabei die dekorativen Elemente: das gestufte Eingangsportal zum Palas mit Blumenfries und Figurendarstellungen, der Bergfried und die noch erhaltene frühgotische Kapelle mit ihren Kapitellen, Figuren, Sakramentsschränkchen und Gewölben. Das Fazit eines Kunstreiseführers: »Der frühgotische Bestand der Burgruine gehört zu den besten Leistungen spätstaufischer Architektur.« Also.

Und wo, so frage ich mich, waren nun die kostbaren Reichskleinodien? In den auffällig großen, in die Wand eingelassenen Sakramentsschränken der aufwändig gestalteten Kapelle? Oder nicht doch eher in den Tiefen des Bergfrieds, dessen eigentlicher und früher einziger Zugang in über zehn Meter Höhe liegt?

Will man den Turm besteigen, muss man jedenfalls auch heute noch in dieser luftigen Höhe über eine Brücke gehen, die in den Turm (und zum früheren Aborterker) führt. Oben hat man dann einen schönen Blick, vor den die Götter den Schweiß der Edlen gesetzt haben. Insgesamt sind es 93 Stufen, trittfest, aber zum Teil derart eng, dass man am besten wie auf einer Leiter wieder heruntersteigt.

Von oben kann man dann hinuntersehen, wo der Raubritter Götz jenes klassische Zitat gebrüllt hat, das, wenn schon kein anderes, jeder »anständige« Deutsche kennt. Kann hinuntersehen in den kleinen Burghof und sich vorstellen, was da im Mittelalter für ein Treiben geherrscht haben mag, wo heute Touristen Mittelalter genießen.

Bliebe noch zu vermelden, dass die Burg Krautheim der Deutschen Burgenvereinigung der Landesgruppe Baden-Württemberg gehört. Das bedeutet, dass die Burg nur von Mai bis einschließlich September und nur an Samstagen, Sonn- und Feiertagen von 14 bis 17 Uhr geöffnet ist.

Die Anschrift: Burg Krautheim, c/o Stadtverwaltung, 74238 Krautheim, Telefon: (0 62 94) 98 29.

Drei mal acht

Grünsfeldhausen, Oberwittighausen, Standorf

Die Achatius-Kapelle in Grünsfeldhausen

Wir machen uns jetzt auf die Suche nach drei kleinen Kirchen von so eigenwilliger Architektur, dass sie allein schon den Umstand wert sind, zu diesem Zweck auch einen Ort wie Standorf zu finden, der mit seinen 49 Einwohnern nicht auf jeder Autokarte verzeichnet ist. Zur Einübung begeben wir uns ins schöne Taubertal und halten in der Nähe der Autobahnausfahrt von Tauberbischofsheim nach einem Schild »Grünsfeld« Ausschau. Am Ende von Grünsfeld macht ein Schild »Grünsfeld-Hausen« Hoffnung, nun auch die Sankt-Achatius-Kapelle zu finden. Und in der Tat, in Grünsfeldhausen biegt man links ab, über eine Brücke, und steht davor.

Es ist schon kurios: Halb in der Erde verschwunden sieht man nebeneinander zwei verschieden große achteckige Kapellen, zwischen denen als Verbindung ein (natürlich achteckiger) Turm aufragt, der aparterweise nach oben hin nicht schlanker, sondern dicker wird. Die Kapelle ist eine der drei noch erhaltenen Oktogonbauten, die hier in enger Nachbarschaft, aber nirgendwo sonst im Land, in staufischer Zeit erbaut wurden. Da sie unmittelbar neben dem Bachlauf in einem Kessel liegt, war sie im Lauf der Jahrhunderte vom Geröll der Hochwasser dermaßen zugeschüttet worden, dass man sie Anfang 1900 regelrecht ausgraben musste.

Geht man hinein, begreift man die Konstruktion: das größere Achteck ist der Kirchenraum für die Gemeinde, das kleine Oktogon der Altarraum. Beide sind durch ein niedriges Tonnengewölbe verbunden, das durch den dazwischen stehenden Turm hindurchführt. Auf diese Weise entsteht ein geradezu heimeliger Eindruck der Geborgenheit, weil beide Räume mit ihren deutlich erkennbaren acht Wandflächen jeweils auf ihre Mitte hin konzentriert sind.

Grünsfeldhausen: Durch den Turmfuß gelangt man vom Hauptraum zur Apsis.

mühle, als Dachreiter aus der Mitte des größeren Oktogons herauswächst.

Natürlich erwartet man, da die Konstruktion ähnlich ist, beim Betreten auch einen ähnlichen Eindruck wie in Grünsfeldhausen. Aber nichts dergleichen: In der Mitte des achteckigen Raumes steht der Kirchturm, bis auf den Boden hinuntergewachsen. Er ist auf seinen vier Seiten durch Bögen geöffnet, so dass er wie ein Baldachin über der Raummitte steht, durch den man bis zum Altar blicken kann. Hier ist nicht der Turm der Kirche wegen da, hier ist die Kirche offenbar wie eine Wabe um den Turm herum gebaut.

Man hat nun schon gedacht, dass diese merkwürdige und sperrige Konstruktion nachträglich entstanden sein könnte. Zum Beispiel als Hilfe für

Bevor wir uns hier weiter umsehen, wollen wir aber erst einmal die anderen Kapellen kennen lernen und vergleichen.

Unser nächstes achteckiges Ziel ist die Sigismundkapelle in Oberwittighausen. Man muss nur auf der Straße weiterfahren, auf der man von der Autobahn her nach Grünsfeld gekommen ist und schon ist nach wenigen Kilometern Wittighausen erreicht. Jetzt noch vor dem Bahnhof die Straße links hoch und oben auf freier Höhe steht neben einer riesigen alten Linde die Kapelle. Wieder zwei eng ineinander gebaute Achtecke, nur dass diesmal der Turm, wie bei einer Kaffee-

Die Sigismundkapelle liegt auf einer Anhöhe bei Oberwittighausen.

das Dach, um den Dachreiter abzustützen. Nicht umsonst ist der Turm in Grünsfeldhausen ja auch nicht auf dem großen Oktogon, sondern steht sicher und für sich zwischen den Räumen auf dem Boden. (Und bei der nächsten Oktogonkirche sind die Türme ganz normal außen am Chor.)

Es gibt aber ein Indiz, dass die Konstruktion von Anfang an so gemeint war: In der meterdicken Wand des Achteckbaus geht, wie in einem Schauerroman, ein geheimer Stufengang nach oben, um dort über eine Brücke im Turm zu landen. (Der wohlverschlossene Eingang dazu ist innen links von der Kirchentür.) Diesen Gang hätte man so nicht nachträglich ins Gemäuer einbauen können und wohl auch nicht einzubauen brauchen. In Grünsfeldhausen ist der Zugang zum Turm oberhalb der Durchgangstonne zwischen den beiden Achtecken durch eine Leiter erreichbar. Mit anderen Worten: Wenn der Turm so betont bis in den Kirchenraum hinein das Zentrum markiert, dürfte das Absicht gewesen sein.

Bevor wir uns darüber weiter Gedanken machen, sehen wir uns nun die dritte polygonale Kirche in Standorf an.

Nehmen wir also an, Sie hätten schließlich in dieser menschenleeren Landschaft und auf unbezeichneten Feldwegen irgendwo zwischen Creglingen und Weikersheim dieses Standorf gefunden (vielleicht hilft Ihnen meine Suchanleitung am Ende des Kapitels). Hätten dann noch im Ort mit wachem Pioniergeist sofort begriffen, dass das Schildchen mit Kirche, Schlüssel und der Zahl 6 bedeutet, dass Sie im Bauernhof mit der Hausnummer 6 eben diesen Schlüssel zur Kirche samt einem Herrn Wagner finden, der Ihnen sachkundig weiterhilft. Ja, dann stehen Sie bald oben auf dem Berg vor der Ulrichskapelle, der dritten Achteckkirche; auch wenn die Form auf den ersten Blick nicht so ins Auge fällt wie bei den beiden anderen.

Von außen sieht man der Ulrichskapelle in Standorf die Achteckkirche gar nicht an.

Entscheidend ist, dass auch hier im Innern das Zentrum des Polygons betont ist: Mitten in der Kirche ragt auf einem Steinsockel eine tausend Jahre alte Eichensäule bis unters Dach. Sie ist somit zweihundert Jahre älter als die Kirche selbst. Diese Säule hat aber keine Stützfunktion – was soll sie also da?

Ein schmuckes Kapitellchen in der Standorfer Achteckkirche

Wir gehen jetzt noch einmal zurück zur ersten Achteckkirche in Grünsfeldhausen. Auch dort stand bis zum Jahr 1919 in der Mitte des großen Oktogons ein mannshoher, selbstverständlich achteckiger, aus Steinquadern errichteter Sockel, auf dem früher eine Säule gestanden haben soll. Die katholische Kirche war für die Entfernung des störenden »Heidensteins«, der Restaurator für eine vorherige baugeschichtliche Prüfung. Währenddessen schufen die Bauern der Umgebung bereits Fakten: In der Nacht zum 1. Mai, der Walpurgisnacht des Jahres 1919, schleppten sie den »Heidenaltar« und den Säulenstumpf mit Gewalt aus der Kirche, während andere schnell das Brunnenloch verstopften, das darunter zum Vorschein kam. (Der Steinsockel steht heute noch vor der Kirche, auf ihm thront inzwischen die Mutter Gottes.)

Und nun ist kein Halten mehr: Quellenheiligtum sagen die einen; germanische Irminsäule – jene hölzerne Weltsäule, die den Himmel stützt – raunen die anderen; und wer irgend kann, sagt beides und nickt bedeutungsschwer.

Kirchen also, die Jahrhunderte später noch heidnische Elemente enthalten wie die Irminsäule, die Karl der Große schon 772 demonstrativ zerstört hatte? Oder doch wohl eher Quellenheiligtümer, gar noch mit besonders gesundem »rechtsdrehendem Wasser«, wie Rutengänger ehrfürchtig feststellten? Diese Geomanten orteten auch gleich noch in der Mitte der Kapelle in Standorf eine Quelle, die allerdings erst unterhalb der Kirche ans Tageslicht kam. Zufall? Oder warum sonst war Standorf eine Pilgerkirche mit zwei Türmen und einer Außenkanzel für die Volksmassen?

Aber was machen wir mit Oberwittighausen, wo gar nichts sprudelt und mit Grünsfeldhausen, wo zwar ein Bach vorbeifließt, aber weit und breit keine Quelle ist? Wozu aber dann unsere winzigen, einigermaßen feierlichen Oktogonkirchen?

Die Kapelle Karls des Großen in Aachen ist seit 1200 Jahren Musterbeispiel und Vorbild solcher achteckigen Gotteshäuser. Im elsässischen Ottmarsheim wurde die Aachener Karlskapelle vom Grafen von Egisheim nachgebaut und im Jahr 1049 von Papst Leo IX. geweiht. Oder zum Beispiel das berühmte Jagdschloss Castel del Monte, das sich der Stauferkaiser Friedrich II. in Italien erbauen ließ – ein riesiger, diesmal weltlicher Oktogonbau. Die Burg im mit den Staufern verbundenen Egisheim hat ebenfalls einen achteckigen Grundriss. Ist der Oktogonbau also Kennzeichen von Würde, Amt und Macht – wie sie die Staufer innehatten?

Aber nein, diese Achteckkirchen sind Bauten, »die so recht den Geist der Kreuzfahrerzeit heraufbeschwören«, wird da behauptet; denn »Kreuzfahrer wollten mit diesen architektonischen Kleinodien ›Nachbildungen des Heiligen Grabes‹ in die Heimat bauen«.

Das klingt gut, ist aber, mit Verlaub, barer Unsinn, denn die Grabeskirche in Jerusalem ist alles andere als ein Oktogon. Solche Kleinigkeiten dürfen einen aber nicht stören, denn »was nachgebildet werden sollte, war der geistige Raum, in den der Kreuzfahrer eintrat, wenn er an das Ziel seiner Pilgerschaft gelangt war. Die Hochspannung der Glaubenskraft und des Jünglingsenthusiasmus, die aus der Sphäre des Volksgenius in ihre Seelen hineinzündete, versetzte die Kreuzfahrer in eine solche über sich hinausgehobene Seelenstimmung«. Nun ja, so kann man alles zurechtdeuten und wenn es dann mit dem »geistigen Gralstempel« weitergeht, ahnt man die Richtung.

Dass man das Polygon so oder so aus der Fremde mitgebracht hat, wo es beispielsweise als Baptisterium (Taufkapelle) diente, klingt dagegen vergleichsweise recht vernünftig. Im Kloster Comburg bei Schwäbisch Hall finden wir aus etwa gleicher Zeit eine Sechseck-Kapelle, ohne dass man auch bei ihr den ursprünglichen Verwendungszweck kennt. Nur: Warum dieser Aufwand in den hinterletzten, Winz-Dörfchen und nicht in Worms, Mainz oder Köln?

Dabei ist es doch ganz einfach: Es waren Riesen, die die Kapellen erbaut haben. In ihren Schürzen schleppten sie die schweren Steine herbei und jedes Mal, wenn sie mit einer Kapelle fertig waren, warfen sie den Hammer weg. Und da, wo der Hammer zu Boden fiel, bauten sie die nächste Kapelle. Und der Beweis: Beim Pflügen hatte ein Bauer die Rippe eines Riesen gefunden. Der Fund war allerdings, wie auch sonst in solchen Fällen, ein Mammutzahn.

Man sieht, wie schwer es ist, plausible Erklärungen und Begründungen zu finden. Altes Quellheiligtum und Irminsäule hin, Heiliges Grab und Kreuzfahrer her, in jedem Falle aber Staufer oder Stauferzeit dazu – was daran erklärt die architektonische Besonderheit und die Tatsache, dass es hier und nirgendwo anders in Südwestdeutschland solche Kirchen gibt?

In aller Vorsicht möchte ich daher die mögliche Erklärung anbieten, die ich in einer Beschreibung der Achatiuskapelle in Grünsfeldhausen fand: »Am wahrscheinlichsten ist es, dass die Kapelle als Gedächtniskirche entstanden ist für die vom Kreuzzug nicht mehr zurückgekehrten Angehörigen der Grafen von Rieneck und der Herren von Zimmern, die durch die Heirat von Sigebodos Tochter mit Gerhard III. von Rieneck miteinander verbunden waren.«

Der heilige Achatius würde sogar in die gleiche Richtung weisen: Er war ein typischer Kreuzzugsheiliger, den die Adligen als Teilnehmer vom Dritten und Vierten Kreuzzug anzurufen pflegten. Und jetzt bekäme der ominöse »Heidenstein« sogar einen neuen, christlichen Sinn: im Gedenken an die Grabeskirche in Jerusalem habe man diese achteckige Säule als so genannte »Anastasis«, als Erinnerung an Höllenfahrt und Auferstehung Christi mitten in die Kirche gesetzt.

Und wofür waren dann die anderen Kapellen? In Standorf werden Sie zum Beispiel erfahren, dass die Kapelle angeblich zeitweise zur Aufbewahrung einer Reliquie diente, die wir heute als »Turiner Grabtuch« kennen. Andere glauben, die Kapelle gehe auf ein Versprechen des Konrad von Hohenlohe zurück, der mit Kaiser Friedrich II. am Kreuzzug 1228/29 teilgenommen und derartige Achteckbauten in Unteritalien kennen gelernt habe. Die Stiftung also als Dank für Bewahrung, als Ersatz für eine Kreuzfahrt, als Erinnerung an Tote – wer kann es heute sagen.

So reizvoll all die Deutungsversuche sind, nehmen wir die Kapellen als das, was sie schließlich sind – kleine Kirchen, geprägt vom Geist der Stauferzeit. Und das heißt: In der Achatiuskapelle in Grünsfeldhausen besehe man sich im Altarraum (Lichtschalter rechts) die uralten verwaschenen Fresken – einen jugendlichen Jesus als Weltenrichter, dazu, neben anderen Figuren, eine Maria als Himmelskönigin mit Kaiserkrone, Lilienzepter und Heiligenschein. Alles zusammen in der byzantinischen Ikonographie und Tradition.

Man besehe sich, wenn man die Kapelle in Oberwittighausen betritt, das in drastischer deutscher Tradition gemalte Jüngste Gericht über dem Bogen des Turmvierecks. Und man betrachte außen die Steinarbeiten ums Portal – wie in Schwäbisch Gmünd ungefüge, unerklärlich, bäuerlich und ohne jedes erkennbare Konzept. Was nicht nur daran liegt, dass die Steine nach der Zerstörung im Dreißigjährigen Krieg offenbar wieder willkürlich zusammengesetzt wurden.

Das alles ist die Welt der Staufer, wie wir sie kennen, hier zusammengebracht mit einer fremden, vermutlich südländischen Architekturform. Und – möglicherweise – mit altem, nordisch-heidnischem Gedankengut eines hammerwerfenden Donar, einer Weltensäule, die das Gewölbe trägt, und heiligen Quellen.

Für uns Erdenwallende noch einige weltliche Hinweise:

1) Die Kapelle in Grünsfeldhausen ist tagsüber geöffnet.

2) Oberwittighausen – Sigismund-Kapelle: Den Schlüssel für die Kapelle bekommt man schräg gegenüber bei Ingrid Seubert, Kapellenweg 13, 97957 Wittighausen, Telefon: (0 93 47) 4 23.

3) Standorf – Ulrichs-Kapelle: Schlüssel und Führung: Kurt Wagner, Standorf 6, 97990 Weikersheim, Telefon: (0 79 33) 2 00 76. (Der Ort ist eingezeichnet in Kartenwerke ab 1:250 000, also beispielsweise in der Deutschen Generalkarte, Maßstab 1 : 200 000, oder im ADAC-Straßenatlas 1 : 250 000.)

Falls Sie in Creglingen keinen ausgeschilderten Weg finden: Ab Herrgottskapelle Creglingen Richtung Niederstetten bergauf, links auf Halbhöhe Fabrikgebäude. Danach rechts bei Abzweig einbiegen. Den Feldweg ohne Schild am Waldrand in ähnlicher Richtung talwärts zurück. Unten nach links, dort Ortsschild Standorf. (Viel Spaß beim Suchen!)

Oder noch einfacher: Der Ort liegt vier bis fünf Kilometer südwestlich von Creglingen neben einem Ort namens Oberndorf. Sie werden ihn schon finden!

Regierungssitz auf Zeit

Die Pfalzen

Aus dem lateinischen Wort »palatium« sind bei uns gleich zwei Begriffe geworden: einmal der Palast, also ein repräsentatives Gebäude (parallel dazu das französische Palais); und zum anderen die Pfalz, der befestigte und repräsentative Wohnsitz eines Herrschers, in dem er und sein Hofstaat vorübergehend wohnten.

Was man sich dabei meist nicht klar macht: Im Deutschland des Mittelalters gab es keinen festen Regierungssitz und keine Hauptstadt. In Frankfurt wählte man, in Aachen wurde gekrönt. Regiert wurde unterwegs, indem der Herrscher durch die Lande zog, um durch seine Gegenwart und sein Auftreten vor Vasallen und Untertanen Macht und Herrschaftsanspruch zu verkörpern und zu betonen.

Dieses so genannte Wanderkönigtum bedingte also nicht nur eine, sondern gleich mehrere Pfalzen in verschiedenen Teilen des Herrschaftsgebietes. Pfalzen der Karolingerzeit waren vor allem Aachen, Ingelheim, Frankfurt am Main, Worms, Forchheim, Paderborn und Nimwegen. Entsprechend ihrem Herrschaftsgebiet lagen die Pfalzen der sächsischen Ottonen östlich davon in Quedlinburg, Magdeburg, Tilleda, Pöhlda, Grona und Werla; während die salisch-staufischen Pfalzen in Speyer, Kaiserswerth, Gelnhausen, Nürnberg, Goslar, Wimpfen und dem elsässischen Hagenau, also vor allem im Südwesten, zu finden sind.

Pfalzen waren also eine Art wechselnder Regierungssitze auf Zeit. Sie umfassten in der Regel einen Torbau, Wohngebäude, die Pfalzkapelle und, in jedem Fall, einen oder mehrere Saalbauten, in denen man die »Reichstage« abhielt. Denn was für uns heute ein Gebäude ist, war damals ein Termin, nämlich der Tag, an dem das Reich, vertreten durch den König oder den Kaiser, leibhaftig anwesend war und Recht sprach und Recht fand. In der um 1870 unter Kaiser Wilhelm historisierend wieder aufgebauten Kaiserpfalz in Goslar kann man solche Säle anschaulich bewundern, in denen im Lauf der Geschichte immerhin 23 Reichstage stattgefunden haben.

Als im Jahr 1871 in Berlin der erste Reichstag des neuen Deutschen Reiches feierlich eröffnet wurde, knüpfte Kaiser Wilhelm an diese alte Tradition an: Er nahm Platz auf dem romanischen Kaiserstuhl mit den rankenverzierten Bronzelehnen, der sich in Goslar bis heute erhalten hat.

Nach der Stauferzeit, als sich feste Residenzen wie Prag für die Luxemburger oder Wien für die Habsburger herausbildeten, verloren die Pfalzen ihren Sinn, und so wurden sämtliche Pfalzen im 13. und 14. Jahrhundert veräußert und in vielen Fällen, vor allem in den Städten, schlicht und einfach als Steinbrüche genutzt.

Vergeblich wird man in den Pfalzen Räume für das finden, was wir heute Ministerien nennen, ganz einfach, weil es die nicht gab. Für Dokumente, die geschrieben oder aufbewahrt werden mussten, gab es natürlich eine Kanzlei, der der »Cancellarius« vorstand. Aus diesem Cancellarius, was lateinisch nichts weiter als Schreiber bedeutet, wurde im Spätmittelalter der Reichskanzler und nach 1945 dann der Bundeskanzler, auch wenn dessen Amt längst nichts mehr mit dem mittelalterlichen Schreiber zu tun hat.

Die aus diesen Pfalzen entstandenen »Pfalzstädte« waren dann logischerweise auch die ersten »Reichsstädte«. Gehörte dazu noch Umland, konnte daraus eine ganze Pfalzgrafschaft werden wie die Rheinpfalz und die Kurpfalz, Gebiete, die der Besitzer auch als Lehen weitergeben konnte. So belehnte Friedrich Barbarossa 1156 seinen Halbbruder Konrad von Staufen mit der Pfalzgrafschaft bei Rhein, die aus salisch-staufischem Hausbesitz sowie Vogtei- und Kirchengut wie Speyer, Worms und Lorsch bestand.

Barbarossa wiederum ließ sich 1182 vom Bischof von Worms mit einer Pfalz belehnen, die ein altes, inzwischen verloren gegangenes Königsgut war und recht gut in das staufische Gebiet passte – mit Wimpfen.

Es gehört nicht viel Phantasie dazu, sich in diesen Pfalzen das ritterliche Leben mit seinen glanzvollen Jagden und Turnieren und das höfische mit seinem Minnesang und seinen Lustbarkeiten vorzustellen – das Mainzer Hoffest Barbarossas im Jahr 1184 jedenfalls ist ein Beispiel dafür.

Für die Bevölkerung jedoch waren solche Hoftage eher eine Plage, denn sie hatte für alles aufzukommen, hatte alles herbeizuschaffen und zu bezahlen. Ruhm ist teuer – fragt sich nur, für wen.

Die Mauerreste in Gelnhausen lassen die früheren Ausmaße der staufischen Pfalz gut erkennen.

Pfalz auf Pfählen

Gelnhausen

Wie es der Zufall will: Die beiden Kaiserpfalzen Wimpfen und Gelnhausen haben bei den Staufern Geschichte gemacht. Beide wurden von Barbarossa im Abstand weniger Jahre gegründet, die eine am schwäbischen Neckar, die andere in der hessischen Wetterau, und beide haben sich im Gegensatz zu den meisten Pfalzanlagen heute noch als eindrucksvolle Ruinen erhalten.

In Wimpfen – wir wissen es ja schon – hatte Kaiser Friedrich II. seinen aufsässigen Sohn, König Heinrich VII., gefangen genommen und später zu lebenslanger Haft verurteilt. In Gelnhausen war es zu einer ähnlichen Auseinandersetzung unter Herrschenden gekommen. Aber diesmal nicht untereinander. Die Kontrahenten waren der Stauferkaiser Friedrich I. Barbarossa und Heinrich der Löwe.

Ursprünglich hatte Heinrich der Löwe als Herzog von (Nieder-)Sachsen und Bayern seinen staufischen Vetter Barbarossa bei dessen Italienzügen und gegen Papst Alexander III. unterstützt; später hatte sich das freundschaftliche Verhältnis aber abgekühlt. Heinrich der Löwe verweigerte die erbetene Hilfe gegen die lombardischen Städte, provozierte damit den Bruch – das Ergebnis war, dass Barbarossa ihn auf dem Gelnhauser Reichstag im April 1180 land- und lehensrechtlich verklagte, ihn ächten ließ und damit stürzte.

Romanische Bogenfenster der Gelnhauser Pfalz

Doch wie es so geht im Lauf der Welt: Der Mächtigere hatte gesiegt, aber die Welfen blieben. Jahrhunderte später, als die Staufer längst untergegangen waren, wurden Heinrichs Nachkommen aus dem Haus Lüneburg zu Kurfürsten von Hannover und erbten 1714 den englischen Königsthron.

Zu Zeiten Heinrichs des Löwen stand aber noch nicht das heutige Pfalzgebäude. Der Reichstag fand in der 1170 von Barbarossa gegründeten Stadt Gelnhausen statt, während draußen vor den Toren, auf einer sumpfigen Insel in der Kinzig, Hunderte von Knechten Tag um Tag dabei waren, Eichenstämme in den Grund zu rammen.

Am Ende waren es schätzungsweise 18000 bis 20000 Pfähle, auf denen man dann die Pfalz erbaute, die von den Staufern offenbar gern aufgesucht wurde. Sie waren alle hier: Kaiser Barbarossa war sechsmal da, sein Sohn Heinrich VI. achtmal, dessen Nachfolger Philipp von Schwaben zweimal. Barbarossa-Enkel Kaiser Friedrich II. kam viermal und Heinrich VII., sein Sohn, wenigstens zweimal nach Gelnhausen – Wimpfen war längst nicht so frequentiert.

Im Lauf der Jahrhunderte erlitt die Pfalz das übliche Schicksal. Sie verfiel, wurde verpfändet, als Steinbruch benutzt und durch Kriege in Mitleidenschaft gezogen. Für die Zeit des Dreißigjährigen Krieges haben wir sogar einen Augenzeugen: Es ist Hans Jacob Christoph von Grimmelshausen, der in Gelnhausen geboren wurde und in seinem »Simplicissimus« drastisch beschreibt, wie die Schweden damals in seiner Heimatstadt hausten.

Was heute noch übrig und zu sehen ist, ist trotz allen Verfalls imponierend genug. Das Ensemble von Torturm, Torhalle, Kapelle und Palas lädt mit seinen Buckelquadern, Bögen und kunstvollen Steinarbeiten zum Fotografieren ein. Diese »Gipfelleistung staufischer Architektur« lädt auch noch zu etwas anderem ein, nämlich zum Vergleich mit Wimpfen. Es zeigt sich, dass beide Pfalzen etwa den gleichen Bauplan haben, nur dass in Wimpfen die Ausmaße jeweils etwas gesteigert sind.

Auch kann man aus dem Bau der Gelnhauser Anlage schließen, dass beide Pfalzen ein dreistöckiges Hauptgebäude hatten, obwohl es bei beiden heute fehlt. In Gelnhausen ist durch Mauerreste belegt, dass über dem Palas mit den Fensterarkaden offenbar noch ein Saal für die Reichsversammlungen war, den man nun auch für Wimpfen annimmt. Das Gleiche gilt für die »Kaiserwohnung« neben dem Palas, die bei beiden Pfalzen an der gleichen Stelle liegt und in Wimpfen etwa an den großen Fensterbögen der Außenwand zu erkennen ist.

Ja, die mit hübschen Flechtwerkornamenten geschmückte Kaminanlage in Gelnhausen verführt sogar zu der Idee, dass der Kaiser und die Kaiserin an kalten Tagen just hier gesessen und sich gewärmt haben.

Bleibt als Schmankerl zum Schluss noch der Name Gelnhausen übrig. Es spricht manches dafür, dass es einmal Geilenhausen hieß. Die Volksetymologie hat da aber eine viel interessantere Lösung gefunden. Warum soll Gelnhausen nicht von dem Namen Gela kommen? Und wer, bittschön, ist Gela? Ganz einfach, das war, den erstaunten Historikern endlich zur Kenntnis, natürlich Barbarossas Geliebte.

Phantastische Schmuckelemente in Gelnhausen zeugen von der hoch stehenden Bildhauerkunst in staufischer Zeit.

Salz und roter Heller

Schwäbisch Hall

So ungerecht kann's zugehen auf der Welt: Da besaß vor langer, langer Zeit der Bischof Gebhard von Regensburg weit weg am Kocher ein kleines Dorf, das er im Jahr 1037 an die Grafen von Comburg weggab. Als diese Grafen ausstarben, ging das Dörfchen in den Besitz der Staufer über.

Daraus wiederum entwickelte sich unter Kaiser Barbarossa eine Stadt und schon kehrt sich die Welt um. Hatte damals das Dorf zur Comburg gehört, ist es heute umgekehrt. Nun ist die Comburg eine Art Stadtteil jenes Ortes Hall, der im Jahr 1037 den Comburgern und ab 1116 den Staufern gehörte. Später wurde er »Schwäbisch« Hall genannt, schaffte es bis zur Freien Reichsstadt, brauchte aber bis zum Jahre 1934, um auch amtlich Schwäbisch Hall zu heißen.

Wie schon der Name Hall sagt, lag die Bedeutung des Ortes in der Tatsache, dass hier schon seit keltischer Zeit im Siedeverfahren Salz gewonnen wurde. Das bedeutete Arbeit, Handel und Reichtum. Barbarossa wusste also, warum er den Ort zur Stadt aufwertete und ihm das Recht zugestand, Münzen zu prägen. Das brachte Einfluss und Macht, wie man an Köln sehen konnte. Die Metropole am Rhein war damals mit Abstand die größte und effektivste unter allen Münzstätten und der Kölner Pfennig war wegen seiner gleich bleibenden Stabilität der maßgebliche Ordnungsfaktor unter den verschiedenen Pfennigsorten. Bis eines Tages ein Häller Pfennig auftauchte, dem die Stadt ihren Namen lieh: Es war der Heller, der bald zu einer Art Leitwährung wurde.

Das romanische Eingangsportal unter dem Turm der Michaelskirche

Am Ende der Stauferzeit, also etwa ab 1250, war der Heller eine Reichsmünze, die überall gehandelt wurde und so anerkannt war, dass sie die bis dahin gebräuchlichen Münzen weitgehend verdrängte. Nach dem so genannten Gresham'schen Gesetz, wonach schlechtes Geld gutes vertreibt, kam dann freilich auch das Ende: Je weniger Silber man beimischte und dadurch den Wert minderte, desto mehr schimmerte das Kupfer durch, bis eben diese »roten Heller« nicht mehr viel wert waren.

Bis es so weit kam, war Schwäbisch Hall längst eine reiche Stadt. Allein schon die Münzer waren ihrer Privilegien und ihres Reichtums wegen ein hervorgehobener Stand, die den Salzsiedern in nichts nachstanden. Der Ort zog Kaufleute und Händler an – kein Wunder, dass Hall florierte und die Staufer diesen Ort im Ländle geradezu bevorzugten.

So hatte sich auch Friedrich I. Barbarossa angesagt, als am 10. Februar 1156 das romanische Münster Sankt Michael feierlich geweiht werden sollte, das sich die Haller Bürger in 17-jähriger Mühe gebaut hatten. Warum Barbarossa dann doch nicht kam, wissen wir nicht. Immerhin ließ er sich durch seinen Vetter, den Herzog Friedrich von Schwaben vertreten – auch wenn es vielleicht kein voller Ersatz war: Herzog Friedrich von Schwaben war gerade mal elf Jahre alt.

Dafür kamen später staufische Könige genug. Nicht zum Merken hingeschrieben, sondern als Beleg: 1190 kam König Heinrich VI. und hielt einen Hoftag ab, 1202 König Philipp, der Hall gleich »civitas nostra« – unsere Stadt – nennt. Heinrich VII. war viermal da: 1222, 1225, 1231 und 1233; und König Konrad IV. gleich sechsmal, nämlich 1239, 1242, 1243, 1246, 1249 und 1251. Nur Kaiser Friedrich I., genannt Barbarossa, der Mann, der Hall die Stadtrechte verlieh, war offenbar nie hier.

Vor dem Portal befindet sich eine Statue des Kirchenpatrons und Drachentöters Sankt Michael.

Was wir uns heute in Schwäbisch Hall aus staufischer Zeit ansehen können, ist freilich nicht allzu viel. Da gab's das Münster Sankt Michael, eine Basilika, 53 Meter lang, 18 Meter breit und mit drei Türmen versehen. Ein

Die Michaelskirche mit ihrer großen Freitreppe ist Zentrum und Wahrzeichen der Stadt Schwäbisch Hall.

wuchtiger Bau hoch über dem Marktplatz in den Berg hineingebaut.

Aber das genügte den Bürgern nach 1400 nicht mehr. Man ließ den Turm zum Marktplatz hin und den Chor stehen, riss das Kirchenschiff ein und baute in völlig anderen Maßen eine halbwegs quadratische gotische Hallenkirche zwischen Turm und Chor. Damit nicht genug: Jetzt gefiel den Bürgern der romanische Chor erst recht nicht mehr; auch ihn riss man einige Jahrzehnte später ab und baute einen gotischen Chor, der deutlich höher war als das Kirchenschiff.

Nur der viergeschossige romanische Turm blieb bis heute stehen und ist seit mehr als 850 Jahren das Wahrzeichen der Stadt. Er bildet heute den krönenden Abschluss der berühmten großen Freitreppe von 1507, auf der im Sommer die Freilichtspiele stattfinden. (Die achteckige, kuppelgekrönte Haube erhielt der Turm erst 1573.)

Nicht weit vom Markt, in der Unteren Herrengasse 8, gibt es den Keckenturm zu bestaunen. Ein mittelalterlicher Wohnturm aus staufischer Zeit, einen Bau, wie ihn die Reichen besaßen. Wir werden später in Rosheim im Elsass einen ähnlichen Wohnturm kennen lernen, der strenger, älter und mittelalterlicher wirkt, nicht so gemütlich wie der hier mit seinen Fensterläden und dem Fachwerkaufbau.

Aber man muss dankbar sein: Von den anderen Wohntürmen Schwäbisch Halls sind nur noch vier teilweise erhalten. Es sind dies die Sulmeisterburg (Steinerner Steg 7), die Burg des Reichsschultheißen (Am Markt 12), die Burg des Münzmeisters (Am Markt 2) und die Siedersburg (Hinter der Post 9). In Deutschland sind ähnliche Wohntürme übrigens nur noch in Regensburg zu bestaunen.

Bleibt genug Zeit, das Städtchen und vor allem den Marktplatz zu genießen. Das Rathaus auf der einen Seite, die Freitreppe mit der Kirche auf der anderen, die Tasse Kaffee vor sich und den in sich geschlossenen, geradezu mittelalterlich-fränkischen Platz mit den hübschen Giebeln um sich – das gehört schon zu den genüsslichen Momenten im Leben eines Touristen. Ganz abgesehen von den verwinkelten, schmalen Gässchen rundum, den steilen Treppchen überall, den überraschenden Durchblicken und den romantischen Resten der mittelalterlichen Stadtbefestigung da und dort.

Man wisse aber auch: Die Kirche ist vom 1. März bis zum 15. November dienstags bis samstags von 9 bis 12 und 14 bis 17 Uhr geöffnet (montags nur von 14 bis 17 Uhr). An Sonn- und Feiertagen lediglich von 11 bis 12 und von 14 bis 17 Uhr, jedoch nicht während der Gottesdienste. In den übrigen Monaten kann die Kirche täglich außer montags von 11 bis 12 und von 14 bis 15 Uhr besichtigt werden. Führungen nach Voranmeldung unter Telefon (07 91) 7 51-38 6. Reichen die Zahlen?

Unweit von Schwäbisch Hall thront auf einer Bergkuppe die von einer wehrhaften Mauer umfriedete Comburg.

Ein Kloster hinter Schießscharten

Die Comburg

Gerade eben vier Kilometer hinter Schwäbisch Hall liegt auf einer Bergnase über dem Kochertal eine alles beherrschende Burganlage. Aber statt eines trutzigen Bergfrieds hinter der Ringmauer sehe ich aufragende Kirchtürme, drei an der Zahl. Sehe das ehemalige Kloster und spätere Ritterstift Comburg, von dem der Kunsthistoriker Dehio einst schwärmte, dass es »das Bild eines befestigten Klosters aus der Blütezeit des Benediktinerordens mit so charakteristischer Kraft zum Ausdruck bringt, wie es in Deutschland kaum wiederzufinden ist«.

Es ist tatsächlich eine verblüffende Mischung aus Kloster und Burg. Allein aus staufischer Zeit sind noch so viele Bauwerke erhalten, dass man sich auch heute noch eine gute Vorstellung davon machen kann, wie eine solche Anlage damals ausgesehen hat. Inzwischen ist das Ganze freilich ein seltener Zusammenklang verschiedener Epochen, von der Romanik über die Renaissance bis hin zum Barock.

Und so fängt es auch an: Der einzige Zugang führt über den Burggraben und durch ein pompöses barockes Burgtor, dem ein zweites spätmittelalterliches Tor folgt, bis man überhaupt erst zum romanischen Torbau kommt. Den schließen die zwei ehrwürdig alten Türme und die Zwerggalerie (Galerie mit kleinen Säulchen und Bögen) der ehemaligen Michaelskapelle nach oben hin feierlich ab.

Drinnen im Burghof ist es nicht anders. Rechts das schiere Mittelalter, gleich daneben Renaissance, links hinter der Auffahrtsrampe die barock gestaltete Kirche mit den romanischen Türmen der Vorgängerkirche und dazwischen, genau vor einem im Blickfeld, die staufische Kapelle, die spontan an die rätselhafte Achteckkirche neben der alten Linde in Oberwittighausen erinnert. Nur dass die hier sechseckig ist und dass das Obergeschoss mit seiner Zwerggalerie romanischer Bögen ein ganzes Stück vornehmer und eleganter wirkt. Auch hier: Niemand weiß, welchen Zweck die Kapelle mit ihrem winzigen (heute leider verschlossenen) Innenraum gehabt hat.

Man muss einfach herumlaufen, um sich alles mit den Augen zu erobern: den Kreuzgang; die Alte Abtei mit ihren Arkadenfenstern aus Barbarossas Zeiten hoch oben in der kargen Wand; die verschiedenen Gebäude wie die Kaplanei, die Kosthalterei und wie sie alle heißen. Und immer und überall wieder Mauern und Schießscharten, die zu nichts nütze sind, weil ab und zu die Wehrgänge fehlen und keinerlei Rampen für Geschütze vorhan-

Detail vom großen romanischen Radleuchter in der Klosterkirche.

den sind – eine fromme Spielzeugburg, eine Art kunsthistorisches »Disneyland« im Schwäbischen, wenn die Bemerkung erlaubt ist. Vom Ländle im Lauf der letzten vierzig Jahre eigens für 35 Millionen verschönert und renoviert.

Das Merkwürdige ist nur: Die Mischung aus Kreuz und Schießscharte wiederholt die Geschichte der Comburg – und damit sind wir doch wieder unversehens bei Zahlen und den alten Rittersleut': Es fängt an mit dem fränkischen Kochergaugrafen Richard, dem auch Rothenburg ob der Tauber gehörte. Er baute sich ums Jahr 1050 die Comburg und wohnte dort mit seinen vier Söhnen. Einer von ihnen, Burkhard mit Namen, war wegen körperlicher Gebrechen für das weltliche Geschäft des kaiserlichen Heeresdienstes untauglich. So kam es, dass er sich zu Höherem berufen fühlte und im Jahr 1079 kurz entschlossen seinen Burganteil in ein Kloster umwandelte.

Das führte sofort zu einem ausgedehnten Familienkrach und zu politischen Verwicklungen – es war die Zeit des so genannten Investiturstreites, bei der sich Kaiserliche und Päpstliche in den Haaren lagen. Hier mit dem Ergebnis, dass die Päpstlichen sich durchsetzten, die gräfliche Burg abgebrochen und das Kloster auf der Bergkuppe erweitert wurde.

Es war ein reiches Kloster, dem im Lauf der Jahre etwa 700 Bauerngüter gehörten. Und es war genau in dieser

Absender (bitte gut lesbar schreiben):

Name

Straße

PLZ Ort

Beruf Alter

Für Silberburg-Bücher interessiert sich auch:

Bitte als
Postkarte
frankieren

Antwort

Silberburg-Verlag GmbH

Schönbuchstraße 48
D-72074 Tübingen

Das Antependium (Altarvorsatz) des Klosters Comburg zählt zu den schönsten Goldschmiedearbeiten des Mittelalters.

Zeit, als der große Radleuchter, das Antependium (der Altarvorsatz) und ein kostbares Kreuz entstanden – Kunstwerke, die heute zu den Schätzen der Comburg gehören.

Damit hat es noch kein Ende mit den Stiftungen und Klostergründungen. Heinrich, der jüngste Comburger Graf und damit Bruder des Burkhard, stiftete seinerseits im Jahr 1108 in Sichtweite der Burg Comburg am gegenüberliegenden Hang eine dem heiligen Ägidius geweihte Kirche. Sie wird zur Unterscheidung Kleincomburg genannt. Hier residierte offenbar eine Zeit lang ein kleiner Nonnenkonvent. Da die Kirche seit damals kaum verändert wurde, lohnt ein Besuch im unverfälschten Mittelalter von Kleincomburg. (15 Gehminuten von der Großcomburg entfernt.)

Als dann eines Tages die Grafen von Comburg ausstarben, übernahmen die Staufer die Schutzherrschaft. Der Vorgänger Barbarossas, der Staufer Konrad III., stellte jedenfalls das Kloster 1138 unter seinen Schutz und hielt sich im Winter 1141 sogar dort auf, wohl um die Bedeutung des Ortes herauszukehren. Im Jahr 1190 wohnte dann gar der Sohn Barbarossas, Kaiser Heinrich VI., anlässlich eines glänzenden Hoftags in Hall auf der Comburg. Die Rede ist von 4000 Rittern, die bei diesem festlichen Auftrieb auf dem Klosterberg gewesen sein sollen.

Wie die Geschichte dann bis zur Gegenwart weiterging, kann man

Das barocke Eingangsportal zur Comburg

Die sechseckige Erhardskapelle aus dem 13. Jahrhundert

nachlesen; ich will nur noch erwähnen, dass das Kloster später verfiel und die Comburg zum Ritterstift umgewandelt wurde. Propst Erasmus Neustetter, genannt Stürmer, spielte bei dieser Gelegenheit Burgherr und ließ im 16. Jahrhundert, als die Ritterzeit nun wirklich längst vorbei war, die mächtige, in Wirklichkeit funktionslose Ringmauer anlegen, die heute noch die Comburg vom Tal aus so imponierend martialisch erscheinen lässt.

Nota bene: Die Kirche mit dem berühmten Radleuchter, wie es ihn nur noch in Aachen und Hildesheim gibt, und dem romanischen Antependium, einem der Hauptwerke der süddeutschen Goldschmiedekunst des Mittelalters, kann nur mit einer Führung besichtigt werden. (Dauer circa 15 Minuten.)

Die Führungen finden statt: Dienstag bis Freitag um 10 und 11 Uhr sowie nachmittags um 14, 15 und 16 Uhr. Samstags, sonntags und an Feiertagen um 14, 15 und 16 Uhr. Von 1. November bis 31. März nur nach Voranmeldung. Sonderführungen nach Anmeldung: Telefon (07 91) 93 81 85.

Erinnerung ohne Bilder

Haguenau im Elsass

Wir haben heute Schwierigkeiten, uns die Landkarte von vor tausend Jahren vorzustellen. Was wir als längst fest gefügte Anordnung europäischer Völker und Staaten kennen, gab es damals noch nicht oder war gerade erst im Werden. Es existierte weder Frankreich noch Deutschland im heutigen Sinn.

So gehörte das Elsass seit dem Jahre 870 zum Ostfränkischen Reich, woraus sich später das »regnum Teutonicum« – ein frühes Deutschland – entwickelte, und seit 925 zum Herzogtum Schwaben. Unter den Staufern galt es sogar als das Kernstück der kaiserlichen Hausmacht und wurde schließlich »zum liebsten ihrer Erblande«, wie Friedrich II. von Schwaben feststellte. Aber nicht nur er hielt sich hier gern und oft auf. Zählt man die Aufenthalte der Staufer in den verschiedenen Pfalzen einmal zusammen, so hält Haguenau den Rekord. Allein Kaiser Friedrich II. war 23-mal, sein Sohn Heinrich VII. 21-mal vor Ort.

Wenn man den Spuren der Staufer folgt, muss man also das heutige Land Baden-Württemberg, wie schon bei der Pfalz Gelnhausen, da und dort verlassen, um gerade deswegen im Schwabenland der Staufer zu bleiben.

Allein im heutigen Elsass gibt es noch über dreißig Burgen, Städte und Stätten, die mit den Staufern zu tun haben oder zumindest aus der Zeit der Staufer stammen. Wer die Städtchen und Burgen im Elsass kennt, weiß, wie reizvoll es ist, sie der Reihe nach zu besuchen und von den Höhen ins Rheintal hinabzuschauen. Wie in der kleinen übersichtlichen Welt der Märchen liegen manche Burgen so eng beieinander, dass man mit Leichtigkeit fünf an einem Vormittag schafft.

Fangen wir unseren Rundgang nördlich von Strasbourg mit der Kaiserpfalz Hagenau (heute Haguenau) an, dem Aufbewahrungsort der Reichsinsignien und dem Schauplatz glanzvoller Reichstage. Graf Hugo von Egisheim hatte schon um das Jahr 1030 in der weiten Ebene zwischen Rhein und Nordvogesen im »Heiligen Forst« eine Burg errichtet, die durch Erbschaft an den Stauferherzog Friedrich den Einäugigen übergegangen war.

Sein Sohn, Friedrich I., genannt Barbarossa, hatte sie kurz nach 1150 zur Pfalz ausgebaut, und bald waren die Anlage und die 1164 zur Stadt erhobene Siedlung »Hagenowe« Lieblingssitz und Hauptresidenz der Staufer geworden. Kein Wunder, wenn man das milde Klima im Rheintal mit dem deutlich herberen Wetter der Schwäbischen Alb vergleicht, wenn man an die Kulturlandschaft entlang des Rheines denkt, an Speyer, Worms und Straßburg, und sie dem damals hinterwäldlerischen, kargen Schwaben gegenüberstellt.

Die Pfalz in Hagenau war eine große Anlage. Sie besaß zwei Tore, vier Ecktürme, einen Palas, ein Wohngebäude und eine zweigeschossige Kapelle mit Krypta. In der Mitte des Hofes stand der mächtige Bergfried – zusammen mit der Stadtbefestigung ein imponierender Anblick. »Einst blickten nicht weniger als vierundfünfzig Türme über die Mauern der Stadt Haguenau ins Land«, heißt es in einer Chronik.

Davon ist heute so gut wie nichts mehr übrig. Der Dreißigjährige Krieg und die Brandschatzung der Stadt durch die Truppen Ludwigs XIV. im Jahr 1677 – damals brannte fast die ganze Stadt nieder – bedeuteten den Anfang vom Ende. Die Pfalzbauten wurden erbarmungslos Stein um Stein abgetragen, um daraus am Rhein die Festung Fort Louis zu bauen. Nur ein paar klägliche Reste kann man im Museum betrachten. Drei der vierundfünfzig Türme überdauerten die Zerstörungen. Heute ist Haguenau mit seinen 30 000 Einwohnern ein Industriestädtchen wie jedes andere, das man nicht gesehen haben muss. Es hat seine Geschichte ebenso verloren wie der Hohenstaufen im fernen Schwaben, nur noch Platz und keine Stätte, nur noch Erinnerung und keine Anschauung.

Und doch! Genau wie beim Hohenstaufen ist es vergnüglich, sich vorzustellen, wer hier alles war: von Barbarossa bis Kaiser Friedrich II. – die große Welt von damals, Ritter, Fürsten, Könige mit Tross und Gesinde. Es macht Spaß sich auszumalen, was für prunkvolle Feste, was für Schaukämpfe, was für Gelage hier stattgefunden haben. Vielleicht wuchs damals noch nicht rund um Haguenau der Hopfen an langen Stangen wie heute. Aber die Landschaft ist noch dieselbe mit ihren endlosen Wäldern, in denen Kaiser Friedrich II. und die Seinen einst jagten.

Doch wenn wir schon hier sind, können wir noch eine Spur kreuzen, der wir schon in Worms begegnet sind: Hier in den Wäldern bei der Ruine Wasigenstein, ein paar Kilometer nordwestlich von Haguenau, hat nach der Sage Hagen von Tronje einst im Kampf mit König Walther von Aquitanien ein Auge verloren.

So steht es jedenfalls im Walthari-Lied des Ekkehard von Sankt Gallen, das Viktor von Scheffel ins Neudeutsche übertragen hat. Was für eine Welt: Obwohl Hagen ein Auge und sechs Backenzähne, Walther eine Hand und König Gunther bei dem Gemetzel ein Bein eingebüßt hatten, saßen sie, wie das Walthari-Lied vermeldet, nach dem Kampf »zwar müd, doch frischen Geistes itzo beim Wein geeint« – das waren eben noch Männer.

Und schließlich als Drittes und als freundlicher Ausklang: Sesenheim ist nicht weit, wo im Jahr 1770 einem jungen Herrn sein Herz geschwind zu Pferde schlug, wenn er in sechs Stunden von Straßburg zu seiner Friederike ins Pfarrhaus von Sesenheim eilte. Ja, ja, der Dichterfürst.

Fabelwesen und ein Heidenhaus

Rosheim im Elsass

Im Gegensatz zu Haguenau bietet unser nächster Lokaltermin außer dem historischen Bezug auch noch etwas fürs Auge. Es ist Rosheim, etwa 25 Kilometer südwestlich von Strasbourg. Ein gemütlicher, kleiner, bäuerlich orientierter Ort mit kaum 4000 Einwohnern, noch drei erhaltenen Stadttoren und mit Häusern aus dem 16. und 17. Jahrhundert. Hier stehen eine der schönsten romanischen Kirchen im Elsass und wohl das älteste aus der Stauferzeit erhaltene Wohnhaus weit und breit.

Und so hatte es angefangen: Kaum hatte Herzog Friedrich von Schwaben den Ort im Jahr 1132 erobert und dadurch in den Besitz der Staufer gebracht, begann man mit dem Bau von Sankt Peter und Paul (Saint Pierre et Saint Paul). Ein Bauwerk von »edeler mâze«, wie es in einer alten Handschrift heißt, und dabei »fremdartig, rätselhaft« kurz, »ein Märchen aus alten Zeiten«, wie es Viktor von Scheffel nannte.

Die Kirche Sankt Peter und Paul im elsässischen Rosheim

Innen wirkt die Kirche mit ihrem Langhaus aus gerade eben zweieinhalb Jochen massig, lastend und dunkel – eine fromme Wehrburg von mittelalterlicher Kargheit. Ein Eindruck, den die Renovierung von 1968 konsequent, wenn auch stilsicher verstärkt hat. Das liegt bestimmt an den gedrungenen Säulen mit den erstaunlich hohen Sockeln und den schweren, blockhaften Kapitellen. Aber wenn man dann da und dort, offenbar ohne jedes System, an Kapitellen, Sockeln und Wänden seltsame, unerklärliche

Überall an der Außenseite der Rosheimer Kirche sitzen Schreckgestalten, die Dämonen fern halten sollen.

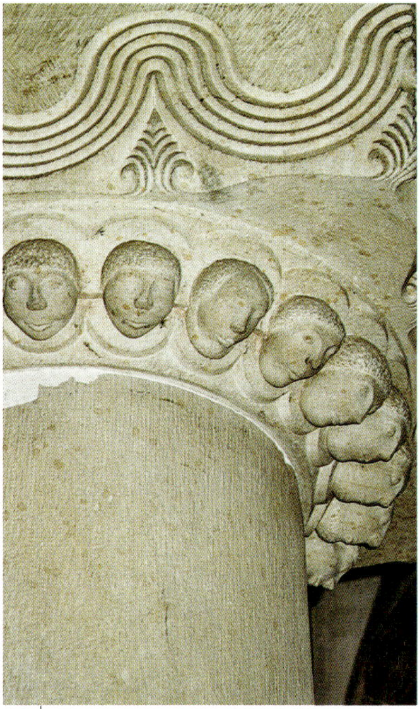

Dieses Kapitell ist mit einem Kranz von pummeligen Köpfen verziert.

Köpfe und Gestalten entdeckt, fängt die Kirche plötzlich an, auf unheimliche Weise zu leben.

Im Gegensatz dazu besonders reizvoll und einmalig ist der Kranz von 21 pummeligen Mädchenköpfen, der an einer der Säulen unter dem Kapitell herumläuft. Es ist das erste Mal, dass ein Künstler im Elsass Köpfe mit natürlichem Ausdruck gestaltet hat.

Ganz anders draußen: Da ist der steile, gedrungene Bau mit dem achteckigen Vierungsturm durch Blendnischen, Rundbogenfriese und reich profiliertem Sockel aufgelockert. Und vor allem: Auch hier tauchen überall aus den Wänden, am Dach und an den Giebeln seltsame Fabelwesen in Menschen- oder Tiergestalt auf. Geheimnisvoll und schwer zu deuten wie die vier Männer, die, wie auch bei der Kirche in Guebwiller, an den Schrägen des Vierungsturmes sitzen. Da lauern menschliche Ungeheuer an den Giebeln, da wachsen Fratzen und Masken an den Blendarkaden. Sofort fällt einem die Streuplastik von Schwäbisch Gmünd ein. Das ist Abwehrzauber, keine fromme Verehrung, Dämonisches, nichts Erlöstes – was für eine Welt vor tausend Jahren, was für ein Glaube in der Zeit der Kreuzzüge.

An den Seiten des achteckigen Vierungsturms sitzen steinerne Gestalten, deren Bedeutung man nicht kennt.

Das »Heidenhaus« von Rosheim – wohl das älteste aus der Stauferzeit erhaltene Wohnhaus

Und dann die andere Rarität, nur ein Stück hin – der älteste noch erhaltene profane Steinbau im Elsass. Geht man die Hauptstraße durch eines der Stadttore – den »Zittglöckelturm« – nach Westen, so kommt man, vorbei an einigen netten Lokalen, nach ungefähr 300 Metern rechter Hand an ein heute noch bewohnbares Haus aus staufischer Zeit, wegen seines Alters überhaupt gleich »Heidenhaus« genannt.

Es ist ein steiler Bau, den man wie das Wäscherschlösschen einst nur durch die Bogentür im ersten Stock betreten konnte. Wenn man so will: die Kopie eines Bergfrieds, nur vom Runden ins Viereckige übersetzt. Eine so genannte Geschlechterburg einer Patrizierfamilie mitten in der Stadt. So, wie wir es aus Schwäbisch Hall oder Regensburg kennen und so, wie man sie als Donjon auch im Italienischen und Französischen findet, oft dreißig und mehr Meter hoch. Kurioserweise kann man solche Gebäude auch auf der griechischen Insel Mani entdecken.

Sainte Foy in Sélestat oder: Sankt Fides in Schlettstadt

Wo man Hildegard fand

Sélestat im Elsass

Wenn man nach der Volksüberlieferung geht, wurde der nächste Ort auf unserer »Tour de Hohenstaufen« schon in grauer Vorzeit gegründet, und zwar von dem Riesen Schletto. Gewisse Zweifel sind freilich angebracht, denn die Knochen des Riesen, die man im Treppenhaus der Stadtbibliothek heute noch besichtigen kann, stammen offensichtlich von einem Saurier. Die Ableitung vom althochdeutschen Wort »slate« für Ried, Sumpf, hat eher Aussicht, den Namen Schlettstadt oder auch Sélestat zu erklären.

Nachweislich waren nach Schletto und lange vor den Staufern jedenfalls die Römer da. Ihnen folgten die Merowinger, wer das auch immer sei (es ist, zur Erinnerung, ein salisch-fränkisches Königsgeschlecht, das vom 5. Jahrhundert bis zu Zeiten Karls des Großen herrschte), und den Merowingern folgten die Karolinger. Urkunden bezeugen, dass zum Beispiel Karl der Große anno 775 das Weihnachtsfest in Schlettstadt gefeiert hat, und Ausgrabungen zeigen uns heute sogar, wo. Unter dem Chor der Sankt-Georgs-Kirche fanden sich die Fundamente der einstigen Pfalzkapelle, eine Rotunde von 22 Meter Durchmesser – ein Zentralbau also wie später Karls Kapelle in Aachen.

Aber nicht wegen Saint Georges sind wir hier, sondern wegen der Kirche Sankt Fides (Sainte Foy), nur wenige Schritte weiter. Sie gehört zu den wenigen Kirchen, die, durch Urkunden belegt, mit den Staufern in engster Verbindung stehen. Und hier kommt wieder einmal Hildegard von Egisheim ins Spiel, Barbarossas Urgroßmutter und Frau des Friedrichs von Büren.

Diese inzwischen verwitwete Hildegard ließ hier im heimatlichen Schlettstadt um das Jahr 1087 als Sühne für die Ermordung Hugos von Egisheim durch ihren Sohn Friedrich eine Kapelle errichten, die eine Nachahmung des Heiligen Grabes in Jerusalem darstellen sollte. Wie so etwas aussah, haben wir bereits im schwäbischen Denkendorf gesehen. Die Idee lag zur Zeit der Kreuzzüge offenbar in der Luft.

Diese Kapelle ist, bis auf die Krypta, nicht mehr erhalten. Zu Zeiten Barbarossas wurde sie durch eine neue Kirche ersetzt, für die er 1162 ein farbiges Glasfenster stiftete. Man schätzt, dass die spätromanische Querhausbasilika gegen 1180 vollendet war. Noch heute bewachen jedenfalls zwei schauerlich-schöne staufische Löwen das Eingangsportal unter den Westtürmen.

Die Barockisierungen des 17. Jahrhunderts wurden zwischen 1875 und 1890 wieder beseitigt und die Kirche mehr oder weniger willkürlich reromanisiert. Die Turmfassade wurde neu hochgezogen und die Türme erhielten rhombenförmige Helme, die überhaupt nicht in die Landschaft passen – jedenfalls zeigen alte Ansichten eine andere Silhouette.

Trotzdem ist es den Restauratoren nicht gelungen, den Eindruck romanischer Wucht, Schwere und Würde zu

Aufwändig geschmückte Arkaden am Turm der Schlettstadter Fides-kirche

Totenmaske einer staufischen Adligen aus dem 11. Jahrhundert, die als Hildegard von Egisheim angesehen wird

ruinieren. Und das in einer Zeit, als Kaiser Wilhelm II. gerade daranging, die Reste der nahe gelegenen Hohkönigsburg im Stil gotischer Postämter und romanischer Bahnhöfe erbarmungslos nach »mittelalterlichem Geschmack« neu aufzubauen. Das Ergebnis kann man von der Schlettstadter Wallpromenade aus am Vogesenhang sehen.

Die Geschichte mit den Staufern in Sélestat ist aber noch immer nicht zu Ende. Auch Barbarossas Enkel Kaiser Friedrich II. residierte in Schlettstadt und ließ Anfang des 13. Jahrhunderts die Stadtmauer errichten.

Und schließlich und endlich: Nach tausend Jahren läuft hier der Bogen staufischer Geschichte auf geradezu unheimliche Weise in sich zurück. Bei

Restaurierungsarbeiten in der alten Krypta fand man 1892 einen Leichnam, der seltsamerweise mit Kalk bestreut war. Vielleicht weil er das Opfer der Pest war, man weiß es nicht. Jedenfalls hat diese Kalkschicht den Körper konserviert. Wie bei den Toten von Pompeji, die im Ascheregen begraben wurden, konnte man auch bei dieser Toten den Kalkhohlraum ausgießen und erhielt auf diese Weise eine Totenmaske von herber Schönheit.

Es ist das einzige naturgetreue Antlitz eines mittelalterlichen Menschen, das es gibt und dessen Namen wir vermutlich kennen. Die Franzosen nennen die Dame zwar »inconnue«, die Unbekannte, aber so zaghaft brauchen wir nicht ganz zu sein. Man nimmt allgemein an, dass es die Totenmaske jener Hildegard von Egisheim ist, die Barbarossas Urgroßvater geheiratet hat, als er noch im Wäscherschlösschen wohnte, und die später die Kirche bauen ließ, in deren Krypta man sie tausend Jahre später fand. Manche vermuten, es sei stattdessen ihre Tochter Adelheid.

Die Krypta kann man besichtigen, und es ist schon seltsam, dass sich im Gewölbe auf der linken Seite eine Grabplatte befindet, neben die man genauso hintreten kann wie neben das Christusgrab in der Grabeskirche in Jerusalem. In einer Vitrine davor befindet sich die Büste der Toten, die man unter dieser Platte gefunden hatte.

Das Grab Christi im schwäbischen Denkendorf, die Kuppelbauten der seltsamen Achteckkirchen mit der »Anastasis«, der Stelle der Auferstehung, und hier schließlich eine weitere Nachahmung des Christusgrabes – eines erklärt das andere. Man ist daher der Meinung, dass auch diese Heilig-Grab-Kapelle ein beliebter Wallfahrtsort und somit das Kernstück des von Hildegard um 1087 errichteten Rundbaus war.

Wenn wir schon hier sind, möchte ich noch einen zweiten Wallfahrtsort erwähnen. Es ist die nur ein paar Schritte entfernte »Bibliothèque humaniste« mit ihrer einzigartigen Sammlung merowingischer und karolingischer Handschriften sowie vielen Zeugnissen der berühmten Schlettstadter Humanistenschule. Ein Wallfahrtsort für Bibliothekare, Buchhändler und andere Bücherfreunde.

Einer der beiden staufischen Löwen, die das Eingangsportal der Sankt-Fides-Kirche bewachen

Die riesige Anlage der Sankt Ulrichsburg.
Die staufischen Bogenfenster sind hier besonders schön ausgeprägt.

Eine Burgentour

Ribeauvillé im Elsass

So malerisch sich das kleine mittelalterliche Winzerstädtchen Ribeauvillé auch gibt, das einst dem Grafen von Rappoltstein gehörte und heute von Touristen beherrscht wird, wir wollen hinauf zu seinen drei Burgen, die man schon von der »Grand Rue« aus oben am Hang liegen sieht. Natürlich, der verwöhnte Tourist fährt am liebsten bis vor's Burgtor, sonst ist es nichts. Hier geht das nicht, hier werden noch Opfer verlangt.

Man fährt zum Beispiel auf der »Grand Rue« Richtung St. Dié aus dem Ort, parkt dort irgendwo und marschiert los, immer bergauf durch Weinberge. Bis man alle Burgen besichtigt hat und wieder unten ist, vergehen leicht zweieinhalb bis drei Stunden. Die Frage ist: warum der Umstand, wenn man hundert andere Burgruinen bequemer haben kann?

Weil die Ruine Groß-Rappoltstein, nach ihrem Patron meist Sankt Ulrichsburg genannt, eine der schönsten und künstlerisch anspruchsvollsten staufischen Burgen ist. Hier kann man wirklich mit eigenen Augen die Stauferzeit an den Steinen ablesen. Die ältesten Teile der Burg, im Wohnturm oberhalb des Tores, sind noch glattes Quadermauerwerk. Alles später Gebaute, also etwa ab 1150, hat die berühmten staufischen Buckelsteinquader. Am eindrücklichsten sind die Obergeschosse des Palas und die Kapelle, die als »großartigste Leistungen staufischer Burgenkunst« gelobt werden.

Der Rittersaal öffnet sich mit seinen sieben romanischen Fenstern zur Talseite hin. Man sieht die Ritterfräuleins geradezu in den tiefen Nischen der Fenster sitzen und sehnsüchtig nach dem Liebsten im Tal Ausschau halten. Dann die Kapelle mit ihrem alten Altar, ihrem tribünenartigen Obergeschoss und den gotischen Fenstern, umgeben und umbaut von Gebäuden und Mauern aus verschiedenen Zeiten.

Hat man dann die drei Burgen Hohrappoltstein, Sankt Ulrichsburg und Girsberg der Reihe nach besichtigt und entsprechend gewürdigt, dann liegt es auf dem Weg zum Auto nahe, sich wieder einmal an die drei staufischen »Kaiserberge« zu erinnern, an die Berge und ihre Landschaft da hinten im Schwäbischen, wo wir unsere Spurensuche begonnen haben.

Wieviel einfacher, schwerfälliger und bäuerlicher wirken die kargen Reste dort, wenn man hier diese milde Landschaft vor sich sieht. Kein Wunder, dass Barbarossas Enkel Kaiser Friedrich II. die wenigen Jahre, die er überhaupt diesseits der Alpen weilte, vor allem hier im Westen verbrachte, wo die Römer schon siedelten, als bei Lorch noch die Barbaren hausten.

Die drei Burgen Sankt Ulrichsburg, Hohrappoltstein und Girsberg hoch über dem elsässischen Ribeauvillé

Das Oktogon und die drei Exen

Eguisheim im Elsass

Nun also Egisheim, ein Name, der uns in der Geschichte der Staufer von Anfang an begleitet hat. Es ist ein winziges Städtchen, das nicht einmal 1500 Einwohner hat. Kreisrund, das Gemäuer des achteckigen Schlosses in der Mitte, Fachwerkhäuser drum herum, das Ganze vom Wehrgang umzingelt. Ein malerisches Weinstädtchen zum Totknipsen. Von den zahlreichen hübschen Städtchen rundum sicher eins der bezauberndsten.

Auf dem Marktplatz, wie sich's gehört, das Denkmal für den berühmten Sohn der Stadt, der natürlich mit unserer Hildegard von Egisheim verwandt war. Es gilt dem Grafen Bruno von Dagsburg-Egisheim, der als Papst Leo IX., als Reformpapst aus dem Elsass in die Geschichte einging.

Das waren damals noch Karrieren: 1002 im Schloss der Egisheimer Grafen als Sohn des Hugo von Egisheim und der Gräfin Hedwig von Dagsburg geboren, wurde er von einem Bischof erzogen und zum Priester geweiht, wurde in die Kanzlei des deutschen Kaisers Konrad II. berufen, war mit 24 Jahren Bischof von Toul und, unglaublich, aber wahr, schon mit 27 Jahren Papst.

(Ihm verdanken die Schwaben übrigens Ruhm und Aufstieg des Benediktinerklosters in Hirsau. 1049 hatte er seinen Neffen Graf Adalbert II. von Calw beauftragt, das bescheidene und bereits wieder verfallene karolingische Kloster in Hirsau wiederherzustellen – wenige Jahrzehnte später stand es in höchster Blüte.)

Nur das, was uns, die wir andächtig auf den Spuren der Staufer wandeln, hier in Eguisheim interessiert, will keiner sehen. Es ist – gleich hinterm Papstdenkmal, völlig umzingelt von Souvenirläden und Cafés – die alte Burgmauer aus wunderschönen Buckelsteinquadern, hinter der Barbarossas Großmutter aufgewachsen ist.

Kein Wunder: Die alte Burg selbst wurde während der Französischen Revolution zum größten Teil abgerissen. Die restaurierten Reste lassen aber noch das Entscheidende der Anlage erkennen, die zwischen 1250 und 1300 anstelle der alten Wasserburg erbaut worden war. Die Burg ist, und das ist eben das Einmalige, ein regelmäßiges Achteck von je zwölf Meter Seitenlänge, in dessen Mitte ein ebenfalls achteckiger Bergfried stand.

Wer auch nur ein bisschen Ahnung vom Stauferkaiser Friedrich II. und seinen Bauten in Italien hat, dem fällt hier sofort das berühmte achteckige »Castel del Monte« in Apulien ein. Und tatsächlich dürfte die für Deutschland einzigartige Egisheimer Anlage das Vorbild für die süditalieni-

Ein malerisches Gässchen im elsässischen Eguisheim

Die Wahlenburg und im Hintergrund die Dagsburg – zwei der drei Exen von Eguisheim

schen Kastelle Friedrichs gewesen sein. Grund genug, finde ich, hier in Eguisheim auch mal das Unbeachtete zu beachten.

Was man freilich heute innerhalb der haushohen Umfassungsmauer der alten Anlage zu sehen bekommt ist halb Kirche, halb nachgemachte Burg – beides das Ergebnis einer verantwortungslosen Restaurierererei wilhelminischer Zeit um 1900. Links vom Eingang ein burgartiger Wohntrakt im Stauferstil. Und vor einem, da, wo einst der Bergfried stand, eine schauerliche neoromanische Kapelle zum Gedenken an Papst Leo IX.

Dass man beim Betreten dieser Kapelle ausdrücklich per Schild auf Deutsch gebeten wird »Bewahren Sie die Ruhe!«, hat schon seinen tieferen Sinn; auch wenn es genauso haarscharf daneben übersetzt ist wie der unvergessliche Satz auf einem Schild an einer griechischen Taverne hinter Delphi, das den deutschen Touristen mit dem Satz »Vorsicht, gutes Essen!« anlockte.

Auch sonst hat sich aus staufischer Zeit nicht allzu viel erhalten. Die alte romanische Kirche hat man 1807 kurzerhand abgerissen. Nur ein Tympanon des Westportals blieb erhalten und zeigt die zu jener Zeit seltene Darstellung der klugen und törichten Jungfrauen. Es befindet sich jetzt in der Taufkapelle der im klassizistisch-neugotischen Stil errichteten Nachfolgerkirche, die ihren Zweck heute damit erfüllt, dass auf dem Dach ein pausenlos geknipstes Storchenpaar nistet, das unten zu ebener Erde den Verkauf von Stoff-, Filz-, Glas-, Keramik- und sonstigen Störchen fördert.

Der Marktplatz in Eguisheim: Das nachgebildete Grafenschloss und die neoromanische Ehrenkapelle für Papst Leo IX. ist umgeben von einer achteckigen Buckelquadermauer aus staufischer Zeit. Auf der linken Seite das Denkmal Leos.

Es gehört sich und ergibt sich sozusagen von allein und auch schon der Aussicht wegen, dass man nun die drei Exen besucht, jene drei weithin sichtbaren Türme drüben auf dem Berghang bei Hoch-Egisheim. Aber keine Angst. Anders als bei Ribeauvillé kann man die Türme bequem per Auto ansteuern und läuft vom Parkplatz aus kaum zehn Minuten bis zu ihnen. (Man erreicht sie, indem man von Eguisheim aus die Straße nach Husseren nimmt und dort in die »Route de 5 Châteaux« abbiegt.) Die Exen sind die Reste von drei hohen Türmen, die im Abstand von jeweils 60 Metern nebeneinander stehen. Sie gehörten vermutlich einst zu einer einzigen Burganlage und waren, wie fast alles in der Gegend, im Besitz des Grafen von Egisheim. Ihren seltsamen Namen haben sie übrigens von der Verballhornung des Wortes Egisheim.

Wie man schon an den Buckelsteinquadern erkennt, stammt die 1466 zerstörte Anlage im Kern aus staufischer Zeit. Die älteste ist die nach 1142 errichtete Dagsburg, während die Wahlenburg und die Burg Weckmund später entstanden. Es sind so genannte Geschlechtertürme, die von den Miterben des Geschlechtes, den Ganerben, bewohnt wurden. Da man die Burg nicht anders teilen konnte, baute sich jeder Erbe seinen eigenen Wohnturm auf dem Burggelände.

Wie auch immer: Die Besichtigung ist mit einiger Kraxelei verbunden, da die drei Türme nicht auf gleichem Niveau stehen. Außerdem liegen zwischen ihnen alte, zum Teil restaurierte Mauerreste. Die verständliche Bitte, mit den historischen Resten pfleglich umzugehen, hier weder zu picknicken noch zu zelten, wird einem per Plakat mit dem Satz nahe gebracht, der in seiner Sprachgewalt aus der Papstkapelle in Eguisheim stammen könnte. Er lautet: »Bitte schonen Sie die Vergangenheit dieser Landschaft«.

Vergangne Macht und Pracht

Murbach im Elsass

Unsere Stauferstättenreise endet, wie sie begonnen hat: in der Stille einer ruhigen, idyllischen Berglandschaft. Hier ist weit und breit nichts Monumentales außer dem Steingebirge der uralten romanischen Klosterkirche. Ein Sträßchen, ein Parkplatz, ein paar Häuser, das ist alles.

Kaum zu glauben, dass dieses Kloster hier im engen Tal der Mur und damit »au bout du monde«, am Ende der Welt, in seiner Blütezeit eines der reichsten und mächtigsten Klöster des Elsass war. Und drei Städte und zwanzig Dörfer besaß, dass seine Äbte Reichsfürsten waren, dass das Kloster königliche Immunität genoss und dass selbst der Bischof hier nicht das letzte Wort hatte.

So konnte es sich Abt Hugo von Rothenberg erlauben, den damals exkommunizierten Stauferkaiser Friedrich II. auf seinem Kreuzzug zu begleiten und mannhaft zu ihm zu halten – so wie des Kaisers Vorfahr Herzog Friedrich von Schwaben 1077 den ebenfalls exkommunizierten Heinrich IV. auf seinem Gang nach Canossa begleitet hatte. Und so wie Heinrich IV. den treuen Friedrich belohnt hatte, so belohnte nun auch Kaiser Friedrich II. seinen treuen Abt Hugo. Er erhielt das Recht, Burgen zu bauen, was er und seine Nachfolger weidlich ausnutzten. Schließlich gehörten dem Kloster Murbach zu allem auch noch 22 kleinere Burgen und das Privileg, nur Söhne adeliger Familien in den Murbacher Mönchskonvent aufzunehmen.

Kein Wunder, das Kloster hatte ohnehin schon eine wahrhaft ehrwürdige Geschichte. Gegründet haben es die von der fernen Hebrideninsel Iona stammenden iro-schottischen Mitbrüder des heiligen Kolumban so um 726. Der heilige Pirmin – wir kennen ihn von der Insel Reichenau – führte im Jahr 727 die Benediktinerregel ein, und Eberhard, Graf des Elsass, der Bischof von Straßburg und andere Große des Landes hatten an den Feierlichkeiten zur Gründung des Klosters teilgenommen. Der Hausmeier Karl Martell – ja der, der mit den Arabern bei Tours und Poitiers 732 – bestätigte die Gründung.

Die Annalen aus Murbach bezeugen in der Folge den hohen geistigen Stand der Mönche, auch wenn es im späteren Mittelalter selbst unter den Äbten Analphabeten gab, die nur mit einem Kreuz signieren konnten. Gar nicht zu reden von dem »erschrecklichen Casus«, als doch tatsächlich Bartholomäus, Fürstabt zu Murbach, nächtens von einer schwarzen Katze erwürgt und wie der unselige Doktor Faustus vom Teufel geholt wurde.

Kloster Murbach inmitten der grünen Vogesenhügel

Aber nun ernsthaft zur Murbacher Abteikirche Saint Léger, die um 1100 anstelle der alten Klosterkirche entstanden war. Kommt man durch das Tor des ehemaligen Klostergeländes, sieht man sie hinter Obstbäumen aufragen. Eine gewaltige, strenge Steinmasse, flankiert von zwei Türmen – verkörperte Macht der Kirche.

Je näher man kommt, je höher die roten Sandsteinmauern aus dem engen Tal aufsteigen und gegen das dunkle Grün der umgebenden Berge stehen, desto beherrschender wird dieser Eindruck – bis einen die Ernüchterung überfällt. Das alles ist nur Fassade, alles nur Kulisse. Dahinter ist nichts, kein Kirchenschiff, nur Gras und da, wo einmal das Kirchenschiff war, ein kleiner Friedhof mit ein paar Gräbern. Aber auch diese bescheidenen Reste, die nach Ansicht der Experten noch »zum Gewaltigsten« gehören, »was aus romanischer Zeit überkommen ist«, lassen Kunsthistoriker und andere Fachleute in Ekstase geraten.

Reclams Kunstführer findet in seiner altfränkischen Sprache, dass der »imposante Ostbau in seinem eindrucksvollen Volumen an die Kaiserdome gemahnt« und dass die »verschiedenen Baukörper zur Architekturlandschaft, zur monumentalen Himmelsburg zusammengerückt« sind. Baedeker sieht in Murbach neben Rosheim und Marmoutier »eines der ältesten und bedeutendsten Denkmäler romanischer Baukunst im Elsass« und »Die Baukunst der Stauferzeit« schreibt, dass durch das »Auftürmen der Baumassen Murbach zu den Spitzenleistungen europäischer romanischer Baukunst« gehört.

Die Fassade von nahem betrachtet: Überall wimmelt es von Köpfen, Ornamenten und verschiedenen figürlichen Darstellungen.

Mich machen solche Feststellungen eher widerspenstig, obwohl sie richtig sein mögen. Das sind Worte, die ich mir mit den Augen erst noch erobern muss. Wenn man sich da einfach einmal ruhig auf's Mäuerchen davor hinsetzt – oder noch besser, die fünf Minuten zur Kapelle »Unserer Lieben Frau von Loreto« hinaufsteigt und die Kirche unter sich in die Vogesenberge eingebettet sieht. Wenn man dann in aller Ruhe die Augen wandern lässt – am besten im Morgenlicht –

Rätselhaft die Anordnung der Säulen und der glupschäugigen Köpfe

dann fallen mir Worte wie ruhig, bedächtig oder auch herb, ausgewogen oder gar feierlich ein. Aber auch zurückhaltend, fast streng. Sie alle umschreiben die Anordnung der Mauern und Türme, der Fenster, Säulchen, Pilaster und Konsolen zueinander. Alles in harmonischen Proportionen, im rechten Maß.

Aus der Nähe lassen sich aber auch Details des Figurenschmucks entdecken, die man in der Totale gar nicht sieht. Seltsame Köpfe mit Glupschaugen und schiefen Mündern; unheimliche Figuren, undeutbare Menschenpaare, hasenähnliche Tiere. Oder zwei Löwen, irgendwo und irgendwie und jedenfalls für uns Heutige ohne ersichtlichen Grund dargestellt.

Da oben bei der Kapelle zu sitzen und in aller Stille auf vergangene Zeiten hinabzuschauen ist jedenfalls für mich ein guter Abschluss einer Reise auf den Spuren der Staufer gewesen. Der Versuch, nicht nur zu sehen, sondern das Gesehene auch als Ganzes zu erfassen, wenn wir die Vergangenheit schon nicht in allen Einzelheiten begreifen können.

Das Kloster liegt wenige Kilometer nordwestlich von Guebwiller am Rand des Dorfes Murbach im Departement Haut-Rhin.

Namen als Spuren

Was noch an die Staufer erinnert

Aalen (Ostalbkreis)

Wie so viele Burgen- und Städtegründungen geht auch Aalen auf die Staufer zurück. Im Ort selbst erinnert jedoch nichts mehr an jene Zeit. Um 1145 jedenfalls erfolgte die Gründung der Stadt an der Stelle des alten römischen Kastells, offenbar zum Schutz der wichtigen Straße von Nördlingen nach Straßburg.

Badenweiler (Lkr. Breisgau-Hochschwarzwald)

Die Burg »Badin« im alten, der Schwarzwaldgöttin Diana-Abnoba geweihten Römerbad Badenweiler kam auf Umwegen in staufischen Besitz: Als Heinrich der Löwe Clementia von Zähringen heiratete, brachte die Braut Baden samt »Badin« mit in die Ehe. Als Heinrich der Löwe sich später von ihr trennte, tauschte er das Brautgeschenk bei den Staufern gegen staufischen Besitz im Harz um. Nach dem Aussterben der Staufer fiel der Ort an die Grafen von Urach-Freiburg.

Besigheim (Lkr. Ludwigsburg)

Eine Erinnerung an die Stauferzeit sind die beiden wuchtigen Rundtürme aus Buckelquadern. Sie stammen aus der Zeit Friedrichs II. um 1220, haben aber, wie so oft, keinen direkten Bezug zu den Staufern. Im Gegenteil, sie wurden erbaut von den badischen Markgrafen, denen der Ort »Basincheim« zuvor von der Äbtissin Bertha des Klosters Erstein im Elsass für geleistete Dienste übergeben wurde. Wir wissen sogar genau, wann das war: Kaiser Friedrich Barbarossa hat die Urkunde am 12. Juli 1153 gegengezeichnet. Die Türme sind Prunkstücke mittelalterlicher Befestigungsarchitektur, waren als Wohntürme benutzbar und geben heute der Stadt ihr unverwechselbares Gesicht.

Biberach an der Riß

Um 1170 erwarb Friedrich Barbarossa den Besitz der Herren von Bibra und gründete die neue Siedlung am Schnittpunkt zweier Handelsstraßen. Unter Heinrich VII., der selbst 1226 in Biberach weilte, wurde die Weberstadt zum staufischen Verwaltungsmittelpunkt und erhielt 1258 die Reichsunmittelbarkeit.

Bopfingen (Ostalbkreis)

Nach einem erbitterten Gefecht brachten die Staufer um 1150 die Burg Flochberg zusammen mit Bopfingen in ihren Besitz. Der Ort lag strategisch günstig an den Handelsstraßen nach Cannstatt durchs Remstal, nach Giengen und Ulm sowie nach Würzburg. 1188 sah Barbarossa Siedlung und Burg als Heiratsgut für seinen Sohn Konrad vor. Erhalten ist noch die

Die Stiftskirche Sankt Veit in Ellwangen an der Jagst

(nach 1648 zerstörte) Ruine Flochberg oberhalb des Stadtteils Schlossberg.

Eberbach (Rhein-Neckar-Kreis)

1227 erhielt König Heinrich VII. Castrum und Burg Eberbach zum Lehen und gründete um 1230 die Stadt, die hundert Jahre später bereits an die Pfalz fiel. Von der ehemals stattlichen Burganlage sind noch Reste des mittleren Bergfrieds erhalten. Die ihm zugewandte Palasmauer wurde später aus vorhandenen Trümmern wieder aufgerichtet.

Ellwangen (Jagst) (Ostalbkreis)

Die spätromanische, 1238 geweihte Basilika Sankt Vitus gehört zu den wichtigen Baudenkmälern der schwäbischen Kaiserzeit. Das ist noch heute von außen gut zu erkennen; das Kircheninnere überrascht dagegen durch das helle, in den Farben von 1740 wiederhergestellte barocke Raumbild, das die zugrunde liegenden romanischen Formen vollkommen verdeckt. Das bereits um 764 gegründete Kloster Ellwangen weist im Übrigen keine Verbindungen zu den Staufern selbst auf.

Esslingen am Neckar

Einst besaß Esslingen, vom Stauferkaiser Friedrich II. zur Reichsstadt erhoben, mit 26 Toren und über 50 Mauertürmchen die großartigste Stadtbefestigung Süddeutschlands. Von der Stadtmauer mit ihren großen Buckelquadern sind heute nur noch Reste, von den Türmen nur noch drei erhalten: Das Wolfstor mit seinen Löwenskulpturen, das Schelztor und das Pliensautor. (Warnung für Nicht-Schwaben: Wehe, man teilt das Wort auch nur in Gedanken Plien-sau ab!) Was heute Charme und Wert des einstigen »Hetsilinga« ausmacht, hat daher mit dem Staufischen kaum noch etwas zu tun.

Herbrechtingen (Lkr. Heidenheim)

Man muss Herbrechtingen weder kennen noch je dort gewesen sein, um die dynastischen Umwege zu genießen, wie dieser kleine Ort im Brenztal von Karl dem Großen allmählich in staufischen Besitz kam: Am 7. September 774 schenkte der Karolinger in einem in Düren ausgefertigten Diplom Abt Fulrad seine »villa Herbrechtingen«. Schon drei Jahre später, also 777, vermachte Abt Fulrad diesen Besitz dem Kloster Saint Denis bei Paris. Als das Karolingerreich zerfiel, gelangte das im fernen Schwaben gelegene Herbrechtingen aus Pariser Besitz in die Hände Herzog Burchards I. von Schwaben, denn Burchards Frau war mütterlicherseits eine Nachfahrin Karls des Großen. Durch Erbfolge kam das Stift nun endlich an Herzog Friedrich II., den Vater Barbarossas. Am 1. Mai 1171 vergab Barbarossa das Marktrecht an den Ort.

Langenburg (Lkr. Schwäbisch Hall)

Man sieht's dem Renaissance-Schloss mit seiner bekannten Oldtimer-Ausstellung weder an, noch würde man es vermuten, dass der erste Burgbesitzer Gottfried von Hohenlohe ein eifriger Parteigänger Friedrichs II. war. So aber verkündet im Innenhof eine Tafel die Tatsache, dass er und sein Bruder Konrad vom Stauferkaiser für treue Dienste mit den italienischen Grafschaften Molise und Romagna belohnt wurden. Alles andere ist Erinnerung, lang zurück und kaum noch wahr.

Markgröningen (Lkr. Ludwigsburg)

An die einstige Pfalz, die einzige im Bereich Altwürttembergs, erinnert nur noch eine Gedenktafel. Hier hatte 1139 schon der erste Stauferkönig Konrad III. auf seiner Reise ins Elsass einen Gerichtstag abgehalten. Später erwarb Kaiser Barbarossa im damaligen »Groningen« von Kloster Murbach im Elsass einen kleinen Hof mit 250 Bewaffneten. Um 1240 bildete dann die neu erbaute Reichsburg Groningen eine wichtige Sicherung des Handelsweges zwischen Cannstatt, Vaihingen, Bruchsal und Speyer. Um 1245 dürfte der Ort zur Stadt erhoben worden sein.

Kloster Maulbronn (Enzkreis)

Von elsässischen Mönchen gegründet, entstand ab 1147 in Maulbronn jenes Kloster, das heute zum Weltkulturerbe der UNESCO zählt. Die wichtigsten Bauteile stammen noch aus staufischer Zeit, wenn auch aus verschiedenen Phasen: so die Kirche, Vorhalle (das so genannte Paradies), der Südflügel des Kreuzganges, die beiden Refektorien und einige Buckelquader in der westlichen Klostermauer. Auch ein direkter staufischer Bezug ist gegeben: 1156 stellte Kaiser Friedrich Barbarossa dem Kloster einen Schutzbrief aus.

Eine der Apsiden an der romanischen Walterichskapelle in Murrhardt

Murrhardt (Rems-Murr-Kreis)

Die kleine, am Nordturm der Pfarrkirche etwa um 1230 angefügte Walterichskapelle ist eine der gelungensten, in sich einheitlichen Schöpfungen der deutschen Spätromanik und gehört stilistisch zu den Schmuckkirchen von Faurndau, Schwäbisch Gmünd und Brenz an der Brenz. Die Kapelle ist nach dem Klostergründer Walterich benannt, einem Verwandten Ludwigs des Frommen, der wiederum ein Sohn Karls des Großen war. Einen direkten Bezug zu den Staufern gibt es nicht.

Reutlingen

Viele Städte verdanken ihre Gründung den Staufern. Reutlingen blieb es vorbehalten, sich artig mit einem Denkmal zu bedanken: der Kirchbrunnen, 1561 von Hans Motz geschaffen und heute in einer Kopie von 1903 zu sehen, zeigt das Standbild Kaiser Friedrichs II. Nachdem schon Kaiser Barbarossa dem Dorf Reutlingen unterhalb der Achalm das Marktrecht verliehen hatte, war es dann Kaiser Friedrich II. gewesen, der die Stadt im eigentlichen Sinn gründete (obwohl er selbst nie dort gewesen war), der eine neue Straßenführung und einen rechteckigen Marktplatz anlegen sowie die Stadt ummauern ließ. So gerüstet hielt Reutlingen 1247 der ersten Belagerung der Anhänger des Gegenkönigs Heinrich Raspe stand. Zum Dank für die Rettung der Stadt, so nach einer allerdings angezweifelten Quelle, wurde mit dem Bau der Marienkirche begonnen, die 1343 nach 95-jähriger Bauzeit vollendet wurde.

Rottweil

Obwohl sich die staufischen Herrscher überall öfter, länger und lieber aufhielten als im schwäbischen Stammland, gehört Rottweil aus unerfindlichen Gründen zu den neun Orten, die Kaiser Friedrich II. im Ländle besucht hat – und das gleich zweimal. Möglich sogar, dass er es war, der den Ort »Rotuvilla« zur Stadt erhob. Außer ihm waren hier König Philipp und Konradin, der letzte Staufer. Erinnerungen an die Stauferzeit sind, bis auf einige Buckelquader am Hochturm, nicht erhalten.

Schorndorf (Rems-Murr-Kreis)

In der ersten Hälfte des 13. Jahrhunderts ist Schorndorf, die spätere »Perle des Remstals«, noch in staufischem Besitz. Aber noch vor 1250 geht die Siedlung an Württemberg über und ist kurze Zeit später bereits Amtsstadt. Im späten Mittelalter zählte Schorndorf zu den bedeutendsten Städten in Württemberg und nahm nach Stuttgart, Tübingen und Urach den vierten Platz ein. Überreste der staufischen Stadtbefestigung sind noch vorhanden.

Stuttgart

Über das Verhältnis Stuttgarts zu den Staufern ist wenig Ruhmreiches zu berichten. Ohnehin vom Markgrafen von Baden im 13. Jahrhundert zur Stadt erhoben und erst mühsam durch die Heirat des Grafen Ulrich I. mit der Markgrafentochter Mathilde von Baden nach 1248 ans Haus Wirtemberg gekommen, verließ ebenjener Ulrich 1246 in der Schlacht bei Frankfurt das Heer des Stauferkönigs Konrad IV. und ging zum Gegenkönig Heinrich Raspe über. Mehr noch: Ulrich wurde zum Haupt der antistaufischen Partei in Schwaben. Das einzige in Stuttgart erhaltene Baudenkmal der Stauferzeit ist dann konsequenterweise auch nur das Doppelgrab Ulrichs I. (gestorben 1265) und seiner zweiten Gemahlin Agnes von Schlesien-Liegnitz in der Stiftskirche.

Ulm

Zur Zeit der salischen Könige und Kaiser war Ulm einer der Hauptorte des Herzogtums Schwaben. Hier ächtete zum Beispiel Kaiser Heinrich IV. (der von Canossa!) im Jahr 1077 auf einem Reichstag seine Gegner. Bis zur Übernahme durch Friedrich von Staufen im Jahr 1079 blieb Ulm in der Hand der Zähringer. Von den Welfen 1131 und 1134 zerstört, wurde die Pfalz von König Konrad III. wieder aufgebaut. Unter Barbarossa wird Ulm zum ersten Mal »civitas«, Stadt, genannt. Es gibt kaum eine Stadt, in der die Staufer nachweislich so oft residiert haben wie in Ulm: König Konrad IV. viermal, Kaiser Friedrich Barbarossa 14-mal, Kaiser Heinrich VI. einmal, König Philipp von Schwaben zweimal, Kaiser Friedrich II. zehnmal, König Heinrich VII. 13-mal und schließlich König Konradin, der letzte Staufer, fünfmal. An Baudenkmälern ist aus jenen Tagen praktisch nichts erhalten.

Waiblingen (Rems-Murr-Kreis)

Auch wenn heute kein einziger Stein mehr davon kündet, dass Waiblingen einst ein Mittelpunkt staufischer Macht war, blieb durch die Jahrhunderte hindurch dieser Ruf erhalten. Und das im wahrsten Sinne des Wortes: Um 1140 wurde zum ersten Mal der Erkennungsruf »Hie Waiblingen!« gegen »Hie Welf!« gebraucht. Daraus entstanden die Parteinamen »Waiblinger« und »Welfen«, italienisch »Ghibellinen« und »Guelfen«. Waiblingen, der alte Pfalzort der Karolinger und Salier, war noch vor 1100 in den Besitz des Stauferherzogs Friedrich von Schwaben gekommen. Auch wenn kein Aufenthalt eines staufischen Kaisers nachweisbar ist, dürfte Waiblingen seitdem de facto Synonym staufischer Herrschaft gewesen sein. Für Kaiser Barbarossa jedenfalls war Waiblingen

Reste der mittelalterlichen Stadtbefestigung in Waiblingen

ein wichtiges Bindeglied für seine Abstammung von Karl dem Großen über die Salier (Heinriche von Waiblingen) und seine Großmutter Agnes, der Tochter des salischen Kaisers Heinrich IV.

Waldburg (Lkr. Ravensburg)

Im südlichen Oberschwaben liegt auf einem 772 Meter hohen Bergkegel das Schloss Waldburg. Die im Bauernkrieg zerstörte, aber im 16. Jahrhundert neu aufgebaute Anlage beherbergte in den Jahren 1221 bis um 1240 die Reichsinsignien, die von Weißenauer Mönchen bewacht wurden. Die Schlossherren waren staufische Ministeriale. Als Truchsessen, also Inhaber hoher Hofämter, verwalteten sie seit 1220 als Vormünder und Ratgeber Heinrichs VII. das Herzogtum Schwaben. (Siehe auch Winterstettenstadt)

Weikersheim (Main-Tauber-Kreis)

Seit 1153 war die ursprüngliche Wasserburg Stammsitz der Herren von Hohenlohe, und noch heute erinnert der Bergfried an jene Zeiten. Was man nur nachlesen kann: Albert von Hohenlohe nahm 1189 – 1192 an Barbarossas zweitem Kreuzzug teil. Sein Bruder Heinrich hatte fünf Söhne, von denen drei in den Deutschen Orden eintraten. Konrad von Hohenlohe kämpfte für Barbarossas Enkel, Kaiser Friedrich II., in Italien und verwaltete wie sein Bruder Gottfried die Grafschaft Romagna und Molise in den Abruzzen. Gottfried war auch Berater von Friedrichs Sohn, dem jungen König Heinrich.

Winterstettenstadt (Lkr. Biberach)

Heute sind auf dem Burgberg nur noch schmähliche Reste der Burg erhalten, in der einst die engen Vertrauten Kaiser Friedrichs II. residierten. So war Konrad von Winterstetten als einflussreicher Vertrauter des Kaisers Mitverwalter des Herzogtums Schwaben und gleichzeitig einer der Erzieher Heinrichs VII. Sein Bruder Eberhard von Winterstetten starb auf dem Kreuzzug Friedrichs II. um 1230. Ulrich von Winterstetten, der Enkel Konrads, ist als fröhlicher Minnesänger in der Manessischen Liederhandschrift erwähnt. Da Konrad mit den Herren von Waldburg verwandtschaftlich eng verbandelt war, kann man die Geschichte dieser Ministerialen auch mehr oder weniger parallel im Ort Waldburg weiterverfolgen.

Nachlese(n)

Stauferliteratur

Adam, Ernst |
Baukunst der Stauferzeit in Baden-Württemberg und im Elsass,
Stuttgart 1977.

Bock, Emil |
Schwäbische Romanik,
Stuttgart 1973.

Csendes, Peter |
Heinrich VI.,
Darmstadt 1993.

Die Staufer |
Herausgegeben von der Gesellschaft für staufische Geschichte e. V.,
Göppingen 2000.

Die Zeit der Staufer |
Geschichte – Kunst – Kultur |
Band 1 – 5
(Ausstellungskatalog),
Stuttgart 1977 – 1979.

Engels, Odilo |
Die Staufer,
7. verb. und erw. Aufl.,
Stuttgart 1998.

Hotz, Walter |
Pfalzen und Burgen der Stauferzeit,
Darmstadt 1981.

Lehmann, Johannes |
Die Staufer,
Glanz und Elend eines deutschen Kaisergeschlechts,
München 1978.

Müller, Otto (Hg.) |
Auf den Spuren der Staufer,
Gerlingen 1977.

Opll, Ferdinand |
Friedrich Barbarossa,
3. bibliogr. erg. Auflage,
Darmstadt 1998.

Pfefferkorn, Wilfried |
Buckelquader an Burgen der Stauferzeit
Herausgegeben von der Öffentlichen Bausparkasse Württemberg, 1977.

Rotter, Ekkehart |
Friedrich II. von Hohenstaufen,
München 2000.

Stauferstädte in Baden-Württemberg |
Herausgegeben von der AG für Stadtgeschichtsforschung, Stadtsoziologie und städtische Denkmalpflege e. V.,
Stuttgart o. J.

Stürner, Wolfgang |
Friedrich II., Teil 1 |
Die Königsherrschaft in Sizilien und Deutschland 1194 – 1220,
Darmstadt 1992.

Stürner, Wolfgang |
Friedrich II., Teil 2 |
Der Kaiser 1220 – 1250,
Darmstadt 2000.

Ziegler, Walter |
Stauferstätten im Stauferland,
Stuttgart 1977.

Register

Bildnachweis

Johannes Lehmann
S. 11, S. 14-19, S. 24-37, S. 45, S. 49, S. 53, S. 55, S. 56 unten, S. 66 links, S. 70, S. 83 unten, S. 85, S. 89-91, S. 110-114 oben, S. 115-116, S. 121-125, S. 132-137, S. 141, S. 145-150, S. 154

Albrecht Gmähle *S. 2, S. 12-13, S. 20, S. 40-44, S. 46-47, S. 50-52, S. 54, S. 56 oben, S. 57-64, S. 66 rechts, S. 68, S. 71-79, S. 92, S. 138-140, S. 152*

Maria Lehmann *S. 7*

Archiv Silberburg-Verlag *S. 48, S. 156*

Rainer Fieselmann *S. 80-83 oben, S. 84, S. 114 unten*

Theo Keller *S. 86-88*

Stadtarchiv Worms *S. 96-99*

Stadt Speyer/Klaus Landry *S. 100-104*

Dr. Barbara Nichtweiß/Bistum Mainz *S. 105*

Magrit Hankel/Bistum Mainz *S. 106*

Alberto Luisa/Bistum Mainz *S. 108-109*

Siegfried Geyer/Geyer Luftbild *S. 126-128*

Marion Reuter *S. 130-131*

Photographie Ville de Ribeauvillé/Francis Entzmann *S. 142-143*

Zeugnisse der Stauferzeit

Auf den Spuren der Staufer in Südwestdeutschland und im Elsass

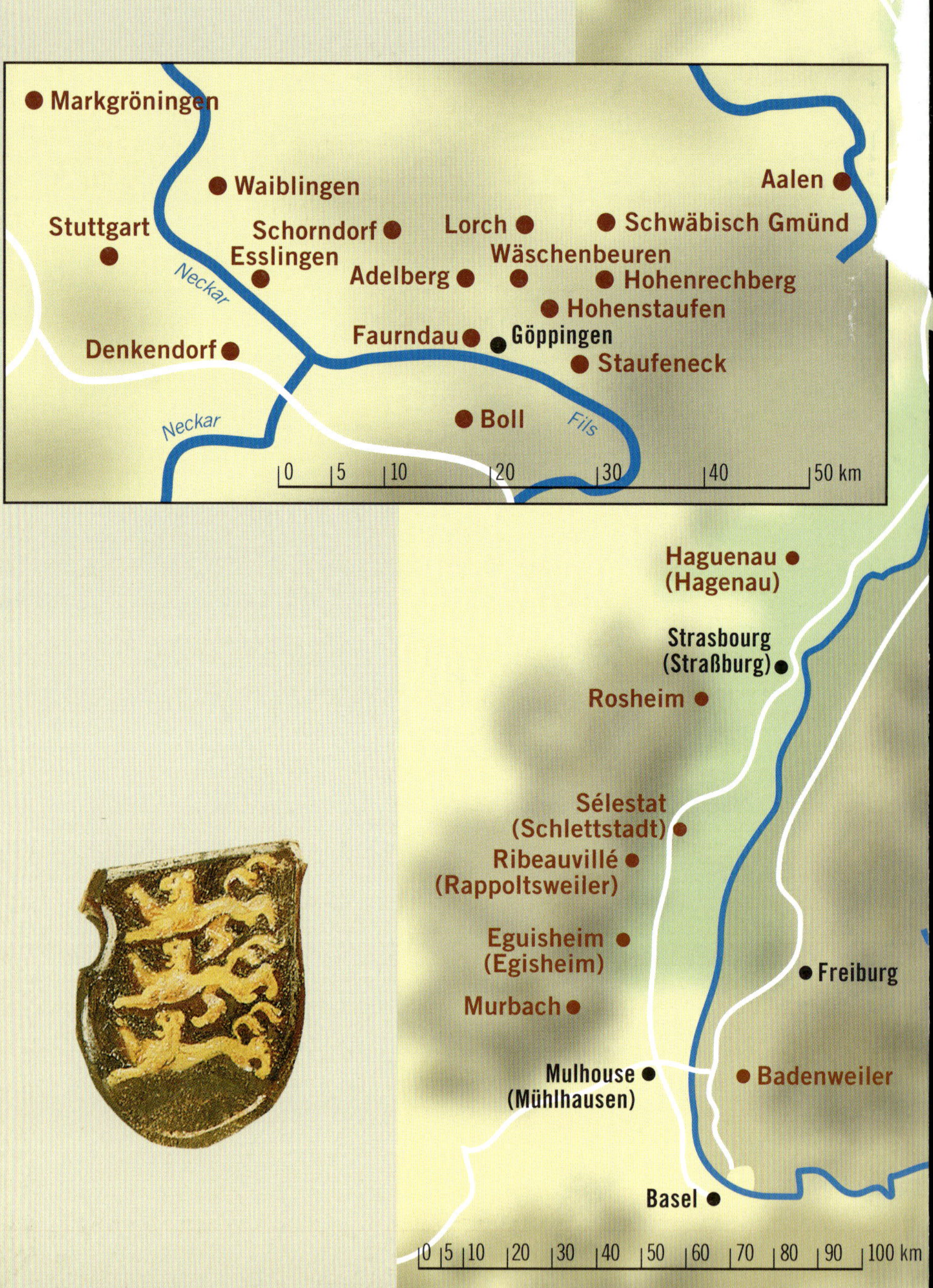